I0197330

www.ingramcontent.com/pod-product-compliance
Lightning Source LLC
Chambersburg PA
CBHW031941070426
42450CB00005BA/342
9781685680749

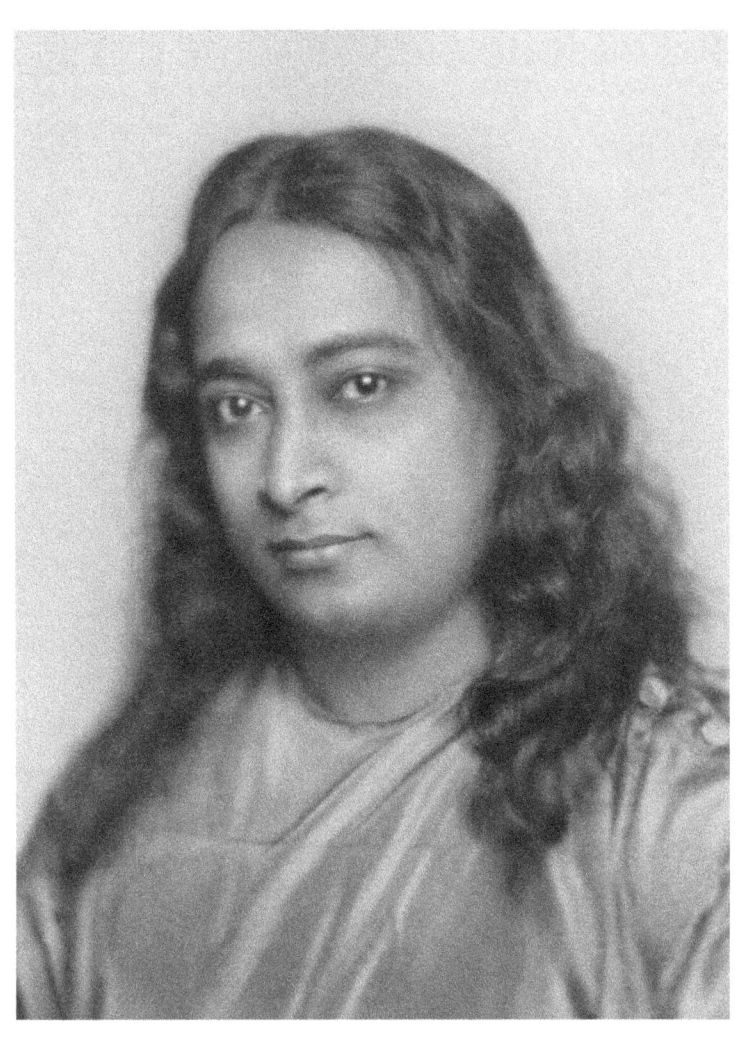

برمهنسا يوغانندا
(١٨٩٣-١٩٥٢)

مأثورات
برمهنسا يوغانندا

Self-Realization Fellowship
FOUNDED 1920 BY PARAMAHANSA YOGANANDA

كلمة حول هذا الكتاب: تم نشر هذه المجموعة من أقوال برمهنسا يوغانندا المأثورة وكلماته الحكيمة في الأصل من قبل Self-Realization Fellowship تحت عنوان The Master Said في عام ١٩٥٢، بعد فترة قصيرة من انتقاله من هذا العالم. قام بتجميع الكتاب وطبعه أعضاء من النظام الرهباني في Self-Realization Fellowship الذي أسسه برمهنسا يوغانندا، ولا زالت طبعاته متوالية منذ أكثر من سبعين عاماً. وإننا ممتنون للعديد من التلاميذ الذين شاركوا هنا ذكريات عزيزة من محادثاتهم الشخصية وتجاربهم مع شري يوغانندا.

العنوان الأصلي باللغة الإنجليزية تم نشره بواسطة
Self-Realization Fellowship، لوس أنجلوس (كاليفورنيا):
Sayings of Paramahansa Yogananda

ISBN: 978-0-87612-115-3

تُرجم إلى العربية بواسطة Self-Realization Fellowship

حقوق النشر محفوظة Self-Realization Fellowship © ٢٠٢٣

Copyright © 2023 Self-Realization Fellowship

جميع الحقوق محفوظة. باستثناء الاقتباسات الموجزة في مراجعات الكتب، لا يجوز إعادة إنتاج أي جزء من مأثورات برمهنسا يوغانندا (Sayings of Paramahansa Yogananda) أو تخزينه، أو نقله، أو عرضه بأي شكل، أو بأي وسيلة (إلكترونية أو ميكانيكية أو غير ذلك) معروفة الآن أو سيتم ابتكارها فيما بعد - بما في ذلك النسخ والتسجيل أو أي نظام لتخزين المعلومات واسترجاعها - دون إذن كتابي مسبق من الناشر:

Self-Realization Fellowship, 3880 San Rafael Avenue,
Los Angeles, California 90065-3219, U.S.A.

بترخيص من مجلس النشر الدولي التابع إلى
Self-Realization Fellowship

إن اسم وشعار Self-Realization Fellowship (المبينين أعلاه) يظهران على جميع كتب وتسجيلات ومطبوعات أخرى صادرة عن Self-Realization Fellowship، مما يؤكد للقارئ أن المادة المنشورة مصدرها الجماعة التي أسسها برمهنسا يوغانندا وأنها تنقل تعاليمه بصدق وأمانة.

الطبعة العربية الأولى، ٢٠٢٣
First edition in Arabic, 2023
هذا الإصدار، ٢٠٢٣
This printing, 2023

ISBN: 978-1-68568-074-9

1345-J07635

المحتويات

مقدمة ٨
مأثورات برمهنسا يوغانندا ١٥
نبذة عن المؤلف ١١٥
برمهنسا يوغانندا: يوغي في الحياة والموت ١١٧
موارد إضافية بخصوص تعاليم كريا يوغا التي
علّمها برمهنسا يوغانندا ١١٩
دروس Self-Realization Fellowship ١٢٠
الأهداف والمثل العليا لـ Self-Realization Fellowship ١٢١
المسرد ١٣٠

الصور

برمهنسا يوغانندا:
مؤتمر Self-Realization
الروحي، بفيرلي هيلز، كاليفورنيا، ١٩٤٩ .... ٣٤
في التأمل، ديهيكا، الهند، ١٩٣٥ .... ٤٦
بجانب معبد Self-Realization
في سانديبغو، كاليفورنيا، ١٩٤٩ .... ٦٠
مع نائب حاكم ولاية كاليفورنيا غودوين جي. نايت، أثناء تدشين قاعة
SRF India Hall، في هوليوود، كاليفورنيا، ١٩٥١ .... ٧٢
مع أودي وآمالا شانكر في مقر صومعة Self-Realization، في
إنسينيتاس، كاليفورنيا، ١٩٥٠ .... ٧٢
إلقاء خطبة في معبد Self-Realization Lake Shrine، باسيفيك
باليسيد، كاليفورنيا، ١٩٥٠ .... ٨٦
المقر العالمي لـ Self-Realization Fellowship، لوس أنجلوس،
كاليفورنيا ١٠٠

ميراث برمهنسا يوغانندا الروحي

جميع كتاباته، ومحاضراته، وأحاديثه غير الرسمية

أسس برمهنسا يوغانندا* Self-Realization Fellowship في عام ١٩٢٠ لنشر تعاليمه في جميع أنحاء العالم وللحفاظ على نقائها وسلامتها للأجيال القادمة. لقد كان كاتباً ومحاضراً غزير الإنتاج منذ سنواته الأولى في أمريكا، ووضع مجموعة ضخمة ومشهورة من الأعمال حول علم اليوغا الخاص بالتأمل، وفن الحياة المتوازنة، والوحدة الأساسية لجميع الأديان الكبرى. اليوم، يستمر هذا الإرث الروحي الفريد والبعيد الأثر ويلهم الملايين من الباحثين عن الحقيقة في جميع أنحاء العالم.

وامتثالاً لرغبات المعلم العظيم الصريحة، استمرت Self-Realization Fellowship في أداء المهمة المتواصلة المتمثلة في نشر الأعمال الكاملة لبرمهنسا يوغانندا وإبقائها مطبوعة بشكل دائم. لا يشمل هذا فقط الطبعات النهائية لجميع الكتب التي نشرها إبان حياته، ولكن أيضاً العديد من العناوين الجديدة — الأعمال التي ظلت غير منشورة وقت انتقاله من هذا العالم في عام ١٩٥٢، أو التي تم نشرها في حلقات على مر السنين في صيغ غير مكتملة في مجلة Self-Realization Fellowship Magazine، إضافة إلى مئات المحاضرات والأحاديث غير الرسمية ذات الإلهام العميق التي تم تسجيلها والتي لم تنشر قبل رحيله.

لقد اختار برمهنسا يوغانندا ودرّب شخصياً أولئك التلاميذ

* (جماعة معرفة الذات) لقد أوضح برمهنسا يوغانندا أن اسم Self-Realization Fellowship يعني «صحبة الله عن طريق معرفة الذات، ومصادقة جميع النفوس الباحثة عن الحقيقة». انظر أيضاً "الأهداف والمثل العليا لـ Self-Realization Fellowship".

المقربين منه الذين تولوا إدارة مجلس منشورات Self-Realization Fellowship منذ رحيله، وأعطاهم إرشادات محددة بشأن إعداد ونشر تعاليمه. إن أعضاء مجلس منشورات Self-Realization Fellowship (من رهبان وراهبات نذروا أنفسهم للزهد والخدمة الإيثارية) يحترمون تلك الإرشادات كأمانة مقدسة بحيث تستمر الرسالة العالمية لهذا المعلم العالمي المحبوب بقوّتها وأصالتها.

لقد تم تصميم شعار Self-Realization Fellowship (الذي يظهر على صفحة سابقة) بواسطة برمهنسا يوغانندا لتمييز المؤسسة غير الربحية التي أسسها بصفتها المصدر المعتمد لتعاليمه. إن اسم وشعار SRF يظهران على جميع منشورات وتسجيلات Self-Realization Fellowship، مما يؤكد للقارئ أن العمل صادر عن المؤسسة التي أسسها برمهنسا يوغانندا وتنقل تعاليمه بالطريقة التي أراد هو إيصالها للجمهور.

—Self-Realization Fellowship

مقدمة

من يمكن أن يدعى بحق معلماً؟ بالتأكيد لا يوجد شخص عادي يستحق هذا اللقب. ولكن في بعض الحالات النادرة يظهر على الأرض أحد أفراد تلك الجماعة المقدسة الذين أشار إليهم معلم الجليل — السيد المسيح — عندما قال: «من يؤمن بي [وعي المسيح]، فالأعمال التي أنا أعملها يعملها هو أيضاً» *.

يصبح الناس سادة معلمين من خلال تهذيب الذات الصغيرة، أو الأنا، وبالتخلص من كل الرغبات ما عدا واحدة — الرغبة في الله. ومن خلال الإخلاص الكلي لله والتأمل العميق، أو تواصل النفس مع الروح الكوني. فمن يترسخ وعيه رسوخاً لا يتزعزع في الرب، الحقيقة الوحيدة، يمكن أن يدعى معلماً عن استحقاق وجدارة.

كان برمهنسا يوغانندا، المعلم الذي دُوّنت كلماته بمحبة في هذا الكتاب، معلماً عالمياً. لقد بيّن الوحدة الأساسية لجميع الكتب المقدسة العظيمة، وسعى جاهداً لتوحيد الشرق والغرب بروابط دائمة من الفهم الروحي. ومن خلال حياته وكتاباته أوقد في قلوب لا حصر لها شرارة مقدسة من المحبة لله. لقد عاش بشجاعة لا تعرف الخوف وفق أسمى تعاليم الدين، وأعلن أن جميع مريدي الآب السماوي، بغض النظر عن عقائدهم، هم أعزاء عليه على حد سواء.

إن تعليماً جامعياً وسنوات عديدة من التدريب الروحي الحازم في مسقط رأسه، الهند، على يد معلمه الروحي، سوامي سري

* يوحنا ١٤:١٢

يوكتسوار، أعدا برمهنسا يوغانندا لرسالته في الغرب. لقد جاء إلى بوسطن في عام ١٩٢٠ كمندوب عن الهند لمؤتمر المتدينين الأحرار وبقي في أمريكا لأكثر من ثلاثين عاماً (باستثناء زيارة العودة إلى الهند في عام ١٩٣٥-١٩٣٦).

لقد عمل على إيقاظ رغبة الآخرين في التوافق مع الله وتكللت جهوده بنجاح باهر. وفي مئات المدن، تخطت دروس اليوغا* التي قدّمها جميع أرقام الحضور القياسية، وكرّس بنفسه ١٠٠٠٠٠ طالب في اليوغا.

وبالنسبة للمريدين الراغبين في اتباع المسار الرهباني، أسس المعلم عدداً من صوامع Self-Realization Fellowship في جنوب كاليفورنيا حيث يوجد العديد من الباحثين عن الحقيقة ممن يدرسون ويعملون ويشاركون في ممارسات التأمل التي تهدّئ العقل وتوقظ وعي الروح.

الحادثة التالية في حياة المعلم في أمريكا تظهر الاستقبال الودي الذي حظي به من قبل أشخاص موهوبين بالإدراك الروحي:

ففي جولة له في أجزاء مختلفة من الولايات المتحدة، توقف ذات يوم لزيارة دير مسيحي. استقبله الأخوة ببعض التوجس، حيث لاحظوا بشرته السمراء، وشعره الأسود المسترسل، ورداءه البرتقالي ـــ الزي التقليدي لسلك السوامي**، فاعتقدوا أنه وثني وكانوا على وشك رفض السماح له بمقابلة رئيس الدير، وعندما دخل ذلك الرجل الصالح إلى الغرفة، اقترب من

---

* انظر المسرد
** انظر المسرد

برمهنساجي* بوجه بشوش وذراعين مفتوحتين وعانقه قائلاً: «يا رجل الله! إنني سعيد لحضورك».

يكشف هذا الكتاب لمحات شخصية أخرى عن طبيعة المعلم المتعددة الجوانب والمتألقة بتعاطف وجداني وفهم للإنسان ومحبة لا حدود لها لله.

إن Self-Realization Fellowship وهي الجماعة التي أسسها برمهنسا يوغانندا لنشر وإدامة تعاليمه وكتاباته تعتبرُ نشر هذه الباقة المختارة من أقوال المعلم امتيازاً وأمانة مقدسة. وهذا الكتاب هو هدية لأسرة طلاب Self-Realization Fellowship ولجميع الباحثين الآخرين عن الحقيقة.

* انظر «جي» في المسرد

مأثورات برمهنسا يوغانندا

مأثورات برمهنسا يوغانندا

استعلم أحد التلاميذ: «سيدي، ما الذي يجب أن أفعله كي أتعرف على الله؟» فأجاب المعلم:

«في كل لحظة من لحظات فراغك غُص في بحر التفكير العميق به. تحدث إليه حديث القلب للقلب، حديث الروح للروح. إنه أقرب من القريب وأعز من الحبيب. اعشقه مثلما يتعشق البخيلُ المالَ، واحببه محبة المتيّم الولهان لحبيبة قلبه، محبة الغريق لنسمة الهواء. فعندما تبثه حنينك العارم وشوقك الغامر سيأتي إليك.»

❖❖❖

شكا أحد التلاميذ للمعلم من عدم تمكنه من العثور على عمل، فقال له الغورو*

«لا تتمسك بتلك الفكرة الهدّامة. إذ كجزء من هذا الكون لك فيه مكان ضروري لازم. هزّ العالم إذا اقتضى الأمر كي تعثر على عملك. لا تكف عن المحاولة وسيُكتب لك النجاح.»

❖❖❖

قال أحدهم: «ليتني أمتلك الإيمان يا سيدي!»

فأجاب برمهنساجي: «الإيمان يجب تنميته أو بالأحرى الكشف عنه في أعماقنا. إنه موجود، ولكن ينبغي إظهاره. لو

---

* انظر المسرد

راقبت مجرى حياتك لوجدت طرقاً لا حصر لها يعمل الله بها من خلالك، وهكذا سيترسخ إيمانك ويتعزز يقينك. قلائل هم الذين يتطلعون إلى يد الله الخفية. معظم الناس يحتسبون أن مسار الأحداث طبيعي لا يمكن تغييره. ولكن ما أقل الذين يدركون التغيرات الجذرية والجوهرية التي يمكن إحداثها بالدعاء والابتهال!»

❖ ❖ ❖

كان أحد المريدين يستاء من أقل تلميح إلى عيوبه، وذات يوم قال له برمهنساجي:

«لماذا تعترض على تصحيحك؟ ألستُ هنا من أجل هذا الغرض بالذات؟ كثيراً ما كان معلمي يعنفني أمام الآخرين لكنني لم أُبدِ تذمراً أو امتعاضاً لأنني تيقنت من أن سري يوكتسوارجي كان يهدف إلى تخليصي من جهلي. والآن لست سريع التأثر للانتقاد لأنه لم تبقَ بي قروح وجروح تؤلمها لمسات الغير.

«لهذا أخبرك علانية عن عيوبك. فإن لم تداوِ نقاط المرض في عقلك ستجفل كلما فركها الآخرون.»

❖ ❖ ❖

قال المعلم لمجموعة من المريدين:

«لقد رتّب الله لنا هذه الزيارة إلى الأرض، ولكن معظمنا نصبح ضيوفاً غير مرغوب بهم، محتسبين بعض الأشياء هنا بأنها ملكنا الحقيقي. وإذ ننسى أن إقامتنا الأرضية هي إقامة مؤقتة فإننا نخلق ارتباطات وعلاقات عديدة، مثل: 'بيتي' و 'عملي' و 'مالي' و 'أسرتي'، إلى ما هنالك. ولكن عندما تنتهي تأشيرة دخولنا إلى الأرض تضمحل وتتلاشى كل الروابط البشرية، وسنضطر عندئذ إلى ترك كل الأشياء التي كنا نظن

أننا نمتلكها. والكائن الوحيد الذي يرافقنا في كل زمان ومكان هو قريبنا الأزلي الأبدي: الله. ألا فاعلموا الآن أنكم الروح لا الجسد. لماذا تنتظرون الموت كي يعلمكم بطريقته الفظة المباغتة؟»

❖❖❖

وجد المعلم أنه من الضروري تأديب أحد التلاميذ بسبب غلطة خطيرة، وفيما بعد قال متنهداً:
«كم أود أن أؤثر بالآخرين عن طريق المحبة لا غير! إن قلبي يتوجع عندما أجد أن لا مفر من تدريبهم بطريقة أخرى.»

❖❖❖

حاول أحد العقلانيين المتعجرفين إرباك المعلم أثناء بحث مسائل فلسفية معقدة، فقال المعلم مبتسما:
«الحق لا يخشى من الأسئلة أبداً.»

❖❖❖

اعترف أحد التلاميذ بحزن للمعلم، قائلا: «إنني غارق في الأخطاء لدرجة لا أجد معها أملاً في التقدم الروحي. وعاداتي السيئة قوية ومستحكمة بحيث أن مجهود مقاومتها قد أنهكني واستنزف قواي.»
فأجاب المعلم متسائلاً:
«وهل ستحسن مقاومتها غداً بدلاً من اليوم؟ ولماذا تضيف أخطاء اليوم إلى أخطاء الغد؟ سوف تتوجه إلى الله يوماً ما. أليس من الأفضل التخلص منها الآن؟ سلّم أمرك لله وقل له: 'إلهي، سواء كنتُ عاقاً أم باراً فإنني خاصتك، ولا بد أن تعينني وتشملني برعايتك.'
إن واصلتَ بذل الجهود وتكرار المحاولات ستتغير نحو

الأفضل. فالقديس هو ذلك الخاطئ الذي لم يتوقف عن المحاولة في إصلاح ذاته.»

•••

قال المعلم: «في غياب الفرح الباطني يجنح الناس نحو الشر. والتأمل على إله الغبطة يملؤنا طيبة وصلاحاً.»

•••

قال المعلم: «إن بين الجسد والعقل والروح ارتباطاً وثيقاً متبادَل. فواجبك نحو الجسد هو أن تبقيه سليماً معافى، ونحو العقل أن تنمّي قواه، ونحو الروح أن تتأمل يومياً على مصدر وجودك. إن قمتَ بواجبك نحو الروح فإن الجسد والعقل سينتفعان أيضا. ولكن إن أهملتَ أمر الروح فسيعاني الجسد والعقل أيضاً نتيجة لذلك الإهمال.»

•••

قال المعلم: «كل شيء في الخليقة له فرديته.
«الله لا يكرر نفسه أبداً. وبالمثل، في بحث الإنسان عن الله هناك اختلافات لا حصر لها في النهج والتعبير. والحب الذي بين الله وكل متعبد هو فريد من نوعه.»

•••

سأل زائرٌ: «هل يساعد تدريبك الطلاب على الشعور بالسلام مع أنفسهم»؟ فأجاب برمهنساجي:
«نعم، ولكن هذا ليس محور تعليمي. إذ من الأفضل لهم أن يكونوا في سلام مع الله.»

◆ ◆ ◆

عبّر أحد زائري الصومعة عن شكوكه في خلود الإنسان. فقال المعلم:

«حاول أن تدرك أنك مسافر إلهي. أنت هنا لفترة قصيرة فقط، ثم تمضي إلى عالم مختلف ورائع*. لا تحصر أفكارك في حياة قصيرة واحدة، وأرض صغيرة واحدة. تذكّر اتساع الروح الكوني الذي يسكن في داخلك.»

◆ ◆ ◆

قال المعلم: «الإنسان والطبيعة مرتبطان بشكل لا ينفصم ويجمعهما قدَرٌ مشترك. قوى الطبيعة تعمل معاً لخدمة الإنسان — فالشمس، والأرض، والريح، والمطر تساعد في إنتاج طعامه. والإنسان يوجّه الطبيعة، على الرغم من أن ذلك يحدث دون علمٍ منه عادةً. الفيضانات والأعاصير والزلازل وجميع الكوارث الطبيعية الأخرى هي نتيجة العديد من الأفكار البشرية الخاطئة. كل زهرة على جانب الطريق هي تعبير عن ابتسامة شخص ما، وكل بعوضة هي تجسيد لكلمة قارصة من أحدهم.

«الطبيعة الخادم تتمرد ويصعب ترويضها عندما ينام سيد الخليقة (الإنسان). وكلما زاد وعيه الروحي، كلما تمكن من السيطرة على الطبيعة بسهولة أكبر.»

◆ ◆ ◆

قال المعلم: «اللبن [الحليب] المسكوب في الماء يمتزج به. ولكن الزبدة، المستخلصة من اللبن الممخوض، تطفو فوق الماء. وبالمثل، فإن اللبن العقلي للفرد العادي يُخفف بسرعة في

* انظر العوالم الكوكبية في المسرد

مياه الوهم*. صاحب الانضباط الذاتي الروحي يحوّل لبن عقله إلى حالة من زبدة الاستقرار المقدس. وإذ يتحرر من الرغبات والتعلقات الأرضية يمكنه أن يطفو بهدوء على مياه الحياة الدنيوية، لا يفارقه التفكير بالله.»

❊ ❊ ❊

عندما مرضت إحدى التلميذات، نصحها برمهنساجي بمراجعة الطبيب، فسأل أحد التلاميذ:
«يا معلم، لماذا لا تشفيها؟»
فأجاب المعلم: «إن الذين حصلوا على قوة الشفاء من الله لا يستخدمونها إلا عندما يأمرهم بذلك.» «الرب يعلم أنه من الضروري في بعض الأحيان أن يختبر بنوه بعض المعاناة. يجب على الراغبين في الشفاء المقدس أن يكونوا مستعدين للعيش وفقاً لقوانين الله. لا يمكن الشفاء الدائم إذا استمر الشخص في ارتكاب نفس الأخطاء وبالتالي سمح بعودة المرض.»
وتابع: «الشفاء الحقيقي يتم فقط من خلال الفهم الروحي. إن جهل الإنسان بطبيعته الحقيقية أو روحه هو السبب الأساسي لكل الشرور الأخرى — الجسدية والمادية والعقلية.»

❊ ❊ ❊

قال أحد الطلاب: «سيدي، لا يبدو أنني أتقدم في تأملاتي. فأنا لا أرى ولا أسمع شيئاً.» فأجابه المعلم:
«اطلب الله محبة به. إن أسمى إدراك له هو أن تشعر به كغبطة نابعة من أعماقك اللامتناهية. لا تتشوق إلى رؤىً أو ظواهر روحية أو تجارب مثيرة. فالطريق إلى الله ليس سيركاً!»

---

* انظر مايا في المسرد

* * *

قال المعلم لمجموعة من التلاميذ: «الكون كله مصنوع من الروح. فالنجم والحجر والشجرة والإنسان كلهم مكونون بالتساوي من الجوهر الفرد: الله. ولكي يأتي للوجود بخليقة متنوعة، اختار أن يضفي على كل شيء مظهر الفردية.

«إننا سرعان ما يعترينا السأم من المشهد الأرضي إذا تبين لنا بسهولة أن شخصاً واحداً فقط هو الذي ينتج المسرحية — من كتابة السيناريو، ورسم المناظر، وتوجيه الممثلين، وتمثيل جميع الأدوار. لكن العرض يجب أن يستمر. ولذلك فقد أظهر سيد المسرح الإلهي في جميع أنحاء الكون عبقرية تفوق التصور وتنوعاً لا ينضب. وأعطى للأوهام مظهر الحقيقة.»

واستعلم تلميذ: «يا معلم، لماذا يجب أن يستمر العرض؟»

فأجاب المعلم: «إنها ملهاة إلهية. ولله الحق في أن يجزّئ نفسه إلى كثيرين، إذا اختار ذلك. الهدف من كل هذا هو أن يرى الإنسان من خلال الحجاب. ولو لم يغطِ الله نفسه بحجاب مايا (الوهم)، فلن تكون هناك مسرحية خلق كونية. مسموح لنا بأن نمارس لعبة الاختفاء والبحث (الغميضة)، ومحاولة العثور عليه والفوز بالجائزة الكبرى.»

* * *

قال المعلم لمجموعة من التلاميذ:

«إنني أعلم أنه حتى وإن لم أمتلك شيئاً، فبكم أجد أصدقاء سيفعلون كل شيء من أجلي. وأنتم تعلمون أنكم بي تجدون صديقاً سيساعدكم بكل الطرق. إننا ننظر إلى الله في بعضنا البعض، وإنها لأجمل علاقة على الإطلاق.»

* * *

عادة ما أصرّ المعلم على الصمت بين الذين حوله. وقال موضّحاً:
«من أعماق الصمت ينبثق ينبوع الغبطة الإلهية على الدوام ويغمر كيان الإنسان.»

• • •

اعتبر التلاميذ أنه شرف لهم أن يقدّموا خدمة للمعلم، الذي عمل دون توقف من أجل سعادتهم. وقال المعلم لمجموعة من المريدين الذين قاموا ببعض الأعمال من أجله:
«كلكم طيبون معي باهتماماتكم العديدة بي.»
فهتف أحد التلاميذ: «العفو يا معلم. أنت الطيب اللطيف معنا.»
فقال برمهنساجي بابتسامته الحلوة: «الله يساعد نفسه. وتلك هي 'حبكة' دراما الحياة البشرية.»

• • •

أبدى أحد التلاميذ الملاحظة التالية: «دمّر كل رغبة. تخلّص من الأنا — كل هذا يبدو سلبياً جداً بالنسبة لي يا معلم. إن تخليت عن الكثير فماذا يبقى لي؟»
فأجاب المعلم: «في الحقيقة يبقى كل شيء لأنك ستكون غنياً بالروح، الجوهر الكوني. ولن تبقى متسولاً محتاراً، قانعاً بقطعة من الخبز وبعض وسائل الراحة الجسدية، لأنك ستكون قد استعدت مكانتك السامية كابن للآب اللانهائي. وتلك حالة ليست سلبية!»
وأضاف: «التخلص من الأنا يسمح للذات الحقيقية العليا بالإشراق. الإدراك الإلهي هو حالة يستحيل وصفها، لأنه لا

يمكن مقارنتها بأي شيء آخر.»

•••

شرح المعلم الثالوث لمجموعة من التلاميذ، مستخدماً هذا التشبيه:

«يمكننا القول إن الله الآب، الموجود في الفراغ غير الاهتزازي ما وراء كل الظواهر، هو رأس المال الذي 'يدعم' الخليقة. الابن، أو وعي المسيح الموهوب بالذكاء والذي يتخلل أرجاء الكون، هو الإدارة. والروح القدس، أو القوة الاهتزازية غير المرئية التي تنتج كل الأشكال في الكون، هي العمال.*»

•••

استفهم أحد التلاميذ: «يا معلم، لقد علمتنا كي لا نصلّي من أجل الحصول على أشياء، بل أن نطلب من الله كي يظهر ذاته لنا. فهل من الخطأ أن نسأله كي يحقق لنا حاجة ما»؟ فأجاب برمهنساجي:

«ليس من الخطأ أن نخبر الله بأننا نريد شيئاً ما، ولكننا نُظهر إيماناً أكبر إن قلنا ببساطة: 'أبانا السماوي، إنني أعلم أنك تدرك مسبقاً كل ما احتاجه، فاسندني وأعلني حسب مشيئتك.'

«على سبيل المثال، إن رغب إنسانٌ باقتناء سيارة فخمة وصلّى بحرارة كي يمتلكها فسوف يحصل عليها. ولكن امتلاك سيارة قد لا يكون أفضل شيء بالنسبة له. إن الله لا يصغي أحياناً لابتهالاتنا الصغيرة لأنه يريد أن يتحفنا بهباتٍ أروع وعطايا أفضل.» ثم أضاف: «عزّز إيمانك أكثر بالله وثق بأن الذي خلقك سيعيلك ويزوّدك بضرورات العيش.»

---

* انظر سات، تات، أوم في المسرد

◆ ◆ ◆

شعر أحد التلاميذ أنه أخفق في تجربة روحية صعبة فراح يلوم نفسه بحسرة ومرارة، فقال له المعلم:

«لا تعتبر نفسك خاطئاً، لإنك إن فعلت دنّست الصورة الإلهية في داخلك. لماذا تتماهى مع نقاط ضعفك؟ أكّد بدلاً من ذلك هذه الحقيقة لنفسك: 'أنا ابن الله.' ابتهل له قائلاً: 'يا أبي السماوي، سواء كنتُ عاقاً أم طيباً فإنني خاصتك. يقّظ من جديد تذكّري لك!'»

◆ ◆ ◆

علّق أحد زائري صومعة إنسينيتاس* قائلا: «كثيراً ما أفكر بأن الله ينسى الإنسان، وهو بلا شك يتحاشى الاقتراب من البشر». فأجاب المعلم:

«بل الإنسان هو الذي يتجنّب القرب من الله. من هم الذين يطلبون التعرف على الله؟ إن هياكل معظم العقول البشرية تغصّ بأوثان الشهوات والأفكار المضطربة. وهكذا يتم تجاهل الله. ومع ذلك، فإنه يرسل أبناءه المستنيرين من حين إلى آخر كي يذكّروا الإنسان بإرثه المقدس.

«مستحيل أن يهجرنا الله أو يتخلى عنا. فهو يعمل بصمت بكل السبل لمساعدة بنيه المحبوبين ولتسريع تقدّمهم الروحي.»

◆ ◆ ◆

طلب أحد المريدين الشباب النصيحة من المعلم فقال له:

«العالم يخلق بك عادات سيئة، ولكن العالم لن يكون مسؤولاً

* إنسينيتاس هي مدينة ساحلية في جنوب كاليفورنيا. وهي موقع صومعة SRF التي أسسها يوغانانداجي في عام ١٩٣٧.

عن أخطائك الناجمة عن تلك العادات. إذاً لماذا تمنح كل وقتك لصديق مخادع؟ خصص ساعة يومياً من أجل الاكتشافات الروحية العلمية. أليس الله – واهبك الحياة والأسرة والمال وكل شيء آخر – يستحق جزءاً واحداً من أربع وعشرين جزءاً من وقتك؟»

• • •

سأل تلميذٌ: «سيدي، لماذا يستهزئ بعض الناس بالقديسين ويسخرون منهم؟»
فأجاب المعلم:
«فاعلو الشر يبغضون الحق والدنيويون قانعون بتقلبات الحياة. كِلا الفريقين لا يحب التغيير. لذلك فإن مجرد فكرة القديس تقلقهم وتضايقهم. هؤلاء يمكن تشبيههم برجل عاش لسنين طويلة في غرفة مظلمة. وإن أتى أحدهم وأشعل الضوء فإن السطوع المباغت لشبه المكفوف يبدو غير طبيعي.»

• • •

تحدث المعلم ذات يوم عن التمييز العنصري فقال:
«إن الله لا يرضى بأن توجَّه له الإهانة عندما يرتدي ثيابه السوداء.»

• • •

قال المعلم:
«يجب ألا نرهب كوابيس الألم وألا نطير فرحاً بأحلام الاختبارات الجميلة. فإن أعطينا أهمية لثنائيات الوهم الكوني مايا أو 'الازدواجيات المتضادة' التي لا يمكن تغييرها فإننا بذلك ننسى الله ينبوع النعيم الأبدي الذي لا يتغير ولا يتبدل. وعندما

نستيقظ به سندرك أن الحياة البشرية ليست سوى صور قوامها الظلال والنور، مسلّطة على شاشة سينما كونية.»

❖ ❖ ❖

أبدى زائرٌ الملاحظة التالية:

«مع أنني أحاول تهدئة عقلي، لا زلت أفتقد القدرة على التخلص من الأفكار المضطربة والنفاذ إلى العالم الباطني. لا بد أنني أفتقر إلى الإخلاص». فأجاب المعلم:

«إن الجلوس في الصمت محاولاً الشعور بالإخلاص قد لا يجديك نفعاً. لهذا السبب أعلّم أساليب التأمل العلمي. مارس هذه الأساليب وستتمكن من عزل العقل عن المشوشات الحسية وعن تدفق الأفكار التي لا تهدأ.»

ثم أضاف: «بممارسة الكريا يوغا* يرتقي وعي الممارس ويعمل على مستوى أرفع. عندها يبزغ الإخلاص للروح اللانهائي تلقائيا في قلب الإنسان.»

❖ ❖ ❖

وصف شري يوغانندجي حالة «الكف عن العمل» الواردة في البهاغافاد غيتا**، فقال:

«عندما يقوم اليوغي الصادق بأداء عمل ما، فإنه لا يترك – من الناحية الكارمية – أثراً***، تماماً كالذي يكتب على صفحة الماء.»

* انظر المسرد

** انظر المسرد

*** أي لا يترك خلفه سجلًا كارمياً. المعلم المستنير هو وحده المتحرر من قيود الكارما (القانون الكوني الصارم الذي يحتم على الأشخاص غير المستنيرين تحمّل نتائج أفكارهم وأفعالهم). عندما حثّ السيد كريشنا [تلميذه] أرجونا على القتال في ساحة المعركة، فقد أكّد له أنه لن يجلب على نفسه كارما [سيئة] إن عمل كوسيلة لله، بمعزل عن وعي الأنا.

◆ ◆ ◆

استصعب أحد التلاميذ تصوّر وجود الله في جسد الإنسان، فقال المعلم:
«مثلما يُظهر الفحم المتوهج وجود النار، هكذا تنبئ الآلة الجسدية العجيبة عن وجود الروح الإلهي فيها.»

◆ ◆ ◆

قال المعلم في إحدى محاضراته:
«بعض الناس يفكّرون أنه ما لم يعانِ المتعبد محناً وتجارب فلن يكون قديساً. آخرون يصّرون على أن العارف بالله ينبغي أن يكون متحرراً من الألم.
«إن حياة كل معلم تسير وفقاً لنموذج خفي ومحدد. القديس فرنسيس الأسيزي مثلاً كان مصاباً بعاهات جسدية، والمسيح الكلي التحرر سمح بأن يُصلب جسده. بعض الشخصيات العظيمة الأخرى من أمثال توما الأكويني ولاهيري مهاسيا* أمضوا حياتهم دون ضغوط هائلة أو أحداث فاجعة.
«يبلغ القديسون الخلاص الأخير من خلفيات مختلفة جداً. الحكماء الحقيقيون يبرهنون ذلك بصرف النظر عن الظروف الخارجية. فهم لديهم القدرة على إظهار صورة الله في داخلهم، ويقومون بأداء الأدوار التي يريدهم الله أن يؤدونها، سواء وافق ذلك الرأي العام أم لم يوافقه.»

◆ ◆ ◆

كان أحد سكان الصومعة الشباب يحب المزاح والمقالب. فالحياة بدت بالنسبة له كوميديا مستمرة. ومرحه المُرحب به في

* انظر المسرد

بعض الأحيان، كان بين الحين والآخر يمنع المريدين الآخرين من التزام الهدوء وإبقاء عقولهم على الله. وفي أحد الأيام قام برمهنساجي بتوبيخ الصبي باعتدال.

قال له «يجب أن تتعلم أن تكون أكثر جدية؟»

أجاب التلميذ، نادماً بصدق على عدم قدرته على الالتزام بالهدوء: «نعم يا معلّم، لكن عادتي قوية جداً! وكيف يمكنني أن أتغيّر بدون مباركتك؟»

فأكد له المعلم جازماً: «بركتي موجودة، وبركة الله موجودة، وبركتك فقط هي المطلوبة!»

• • •

قال المعلم: «إن الله يفهمك عندما يسيء الكل فهمك. إنه المحب الذي يعزّك ويثمنك دوماً مهما كانت أغلاطك. الآخرون يمنحونك مودتهم لفترة قصيرة ومن ثم يهجرونك. ولكن الله لا يتركك ولا يتخلى عنك أبداً.

«وفي وسائل لا حصر لها يلتمس الله حبك كل يوم. إنه لا يعاقبك على رفضك له، ولكنك تعاقب نفسك إن فعلت، وستجد أن كل الأشياء تخدعك إن لم تكن وفياً لله.»* [إن خُنتَ ربكَ خانتكَ المقاديرُ].

• • •

استعلم أحد التلاميذ قائلاً: «سيدي، هل تستحسن طقوس العبادة؟» فأجاب المعلم:

«الشعائر الدينية يمكن أن تلهم الإنسان كي يفكّر بالله خالقه اللانهائي. ولكن إن زادت الطقوس عن حدها ينسى الجميع

---

* فرنسيس تومسون, *The Hound of Heaven*

الغرض منها!»

•••

سأل أحد التلاميذ: «ما هو الله؟»
فأجاب المعلم: «الله هو غبطة أبدية. جوهره المحبة والفرح. هو شخصي ولا شخصي، ويتجلى بأية صورة يريدها. يظهر أمام قديسيه بالشكل الذي يحبذه كل منهم. فالمسيحي يرى المسيح، والهندوسي يرى كريشنا* أو الأم الإلهية**، وهكذا المريدون الذين يعبدون المظهر اللاشخصي يشعرون بالله كنور لا نهائي، أو يسمعون صوت أوم*** الكلمة الأزلية. إن أسمى اختبار يمكن للإنسان أن يحصل عليه هو أن يتذوّق تلك الغبطة التي تحوي كل مظاهر الألوهية الأخرى من محبة وحكمة وخلود.»
«ولكن كيف يمكنني أن أنقل لك بالكلام طبيعة الله؟ فهو لا يمكن وصفه لأنه يفوق الوصف. فقط بالتأمل العميق ستتعرف على جوهره الفريد.»

•••

قال المعلم إثر التحدث إلى زائر أناني مغرور:
«إن أمطار الرحمة الإلهية لا تتجمع فوق قمم الزهو والتشامخ، بل تنحدر بسهولة إلى أودية التواضع!»

•••

كان المعلم يقول لتلميذ من ذوي الميول العقلانية كلما رآه:

---

* انظر المسرد
** انظر المسرد
*** انظر المسرد

«عليك بالمحبة التعبدية!» تذكر كلمات السيد المسيح:

«أَحْمَدُكَ أَيُّهَا الآبُ، لأَنَّكَ أَخْفَيْتَ هذِهِ عَنِ الْحُكَمَاءِ وَالْفُهَمَاءِ وَأَعْلَنْتَهَا لِلأَطْفَالِ.»*

وزار التلميذ المعلم في خلوته بالصحراء في ميلاد عام ١٩٥١، وكان على طاولته بعض الألعاب التي كان ينوي تقديمها للآخرين كهدايا. وبروح الأطفال أخذ برمهنساجي يلهو بها لفترة ما، ثم سأل التلميذَ: «أتعجبك هذه الدمى»؟ فأجاب التلميذ ضاحكاً وهو يحاول إخفاء الدهشة التي اعترته: «إنها رائعة يا سيدي.» فابتسم المعلم وقال مستشهداً:

«دعوا الأولاد يأتون إليّ لأن لمثل هؤلاء ملكوت الله»**

◆ ◆ ◆

كان أحد التلاميذ مرتاباً في قدرته على المواظبة الروحية. ولكي يشجعه، قال له برمهنساجي:

«الله ليس بعيداً، بل قريب وأراه حاضراً في كل مكان.»

فقال التلميذ محتجاً: «ولكنك معلمٌ يا سيدي!»

فأجاب المعلم: «كل النفوس سواسية، والفارق الوحيد بينك وبيني هو أنني بذلت المجهود. لقد أثبتُ لله أنني أحبه فأظهر ذاته لي. الحب هو المغناطيس الذي لا يقدر الله على الإفلات منه!»

◆ ◆ ◆

سأل زائرٌ: «بما أنك تطلق على معبدك في هوليوود) كنيسة جميع الأديان) فلماذا تركز بشكل خاص على المسيحية؟»

فأجاب المعلم: «إنما أقوم بذلك تلبية لرغبة باباجي***. فقد

* متى ١١: ٢٥

** لوقا ١٨: ١٦

*** انظر المسرد

طلب مني تفسير الكتاب المقدس المسيحي والكتاب المقدس الهندوسي [البهاغافاد غيتا] لإظهار الوحدة الأساسية بين النصوص المسيحية والفيدية*. وقد أرسلني إلى الغرب لإنجاز هذه المهمة.»

❖ ❖ ❖

قال المعلم: «الخطيئة هي كل ما يجعل الإنسان غافلاً عن الله.»

❖ ❖ ❖

سأل تلميذ: «يا معلّم، كيف استطاع يسوع أن يغيّر الماء إلى نبيذ؟» فأجاب شري يوغانندا:

«الكون هو نتاج مسرحية من النور—— اهتزازات طاقة الحياة. يتم عرض صور الخليقة المتحركة، مثل المشاهد على شاشة السينما، وجعلها مرئية من خلال أشعة الضوء. لقد أدرك المسيح الجوهر الكوني على أنه نور. وبالنسبة لبصره، لم يكن هناك فرق جوهري بين أشعة الضوء المكوّنة للماء وأشعة الضوء المكونة للنبيذ. ومثل الله في بداية الخلق**، كان يسوع قادراً على أن يأمر اهتزازات طاقة الحياة لتتخذ أشكالاً مختلفة.

«كل الذين يتجاوزون العوالم الوهمية للنسبية والازدواجية يدخلون عالم الوحدة الحقيقي، ويصبحون واحداً مع القدرة المطلقة، بحسب قول المسيح: 'من يؤمن بي [الذي يعرف وعي المسيح]، فالأعمال التي أنا أعملها يعملها هو أيضا ويعمل أعظم منها لأني ماض إلى أبي. [لأنني سأعود قريباً إلى المقر

---

* انظر الفيدات في المسرد
** «ليكن نور فكان نور» (تكوين ١: ٣)

(الفردوس) الأعلى — إلى المطلق عديم الاهتزازات، ما وراء الخليقة، وما وراء الظواهر'.]»*

• • •

سأل تلميذٌ: «ألا تؤمن بالزواج يا معلم؟ إنك غالباً ما تتحدث كما لو كنت ضده.»

فأجاب برمهنساجي:

«الزواج غير ضروري وعائق في طريق ذوي الترك الداخلي الذين ينشدون التعرف على المحبوب الإلهي: الله بمجامع قلوبهم. ولكن في الحالات العادية لست ضد الزواج. إن الشخصين اللذين يوحدان حياتهما كي يساعد أحدهما الآخر في سبيل المعرفة المقدسة يؤسسان قرانهما على الركيزة الصحيحة: الصداقة غير المشروطة. المرأة تحرّكها العاطفة بصفة أساسية والرجل يسيّره العقل. غاية الزواج هي موازنة هاتين الصفتين.

«في هذه الأيام لا يوجد الكثير من الزيجات الروحية الحقيقية، لأن الأحداث قلما يحصلون على تهذيب روحي. ولأنهم غير ناضجين عاطفياً ومتقلبون غير متزنين، فإنهم غالباً ما يقعون تحت تأثير الجذب الجنسي أو الاعتبارات الدنيوية التي تتعامى عن الغرض السامي من الزواج.» ثم استطرد قائلاً: «غالباً ما أقول: ثبّت نفسك أولاً على الطريق الروحي بحيث ترسخ رسوخاً فعلياً، وعندها لن ترتكب خطأ إن تزوجت.»

• • •

استفسر أحد الطلاب: «ألا يمطر الله نعمته بغزارة على أشخاص معينين أكثر من غيرهم؟» فأجاب برمهنساجي:

---

* يوحنا ١٤: ١٢. انظر سات تات أوم في المسرد

«إن الله يختار الذين يختارونه.»

•••

سيدتان كانتا تركنان سيارتهما وتتركانها دون إقفال، فقال لهما المعلم:
«اتخذا الحيطة اللازمة. أقفلا أبواب سيارتكما.»
فصاحتا: «وأين إيمانك بالله؟»
فأجاب: «عندي إيمان، ولكن ذلك لا يعني الإهمال والتسيب.»
لكنهما استمرتا في ترك السيارة دون إقفال. وذات يوم سطا لصوص على السيارة وسرقوا الكثير من الأشياء الثمينة التي كانت قد تُركت في المقعد الخلفي.
فقال المعلم: «لماذا تتوقعان من الله أن يحميكما إن أهملتما قوانين العقل والحيطة الممنوحة منه»؟ ثم أضاف: «امتلكا الإيمان، ولكن كونا واقعيتين، ولا تغريا الآخرين.»

•••

انهمك بعض التلاميذ في دوامة من العمل بحيث أهملوا تأملهم*، فنبههم المعلم قائلاً:
«لا تقولوا غداً سنتأمل أكثر، لأنكم إن فعلتم ستجدون أن سنة بكاملها قد انقضت دون تحقيق غرضكم السامي. قولوا بدلاً من ذلك: 'هذا يمكن أن ينتظر وذاك يمكن أن ينتظر، لكن بحثي عن الله لا يمكن أن ينتظر.'»

•••

---

* انظر كريا يوغا في المسرد

برمهنسا يوغانندا في اجتماع غير رسمي لأصدقاء وأعضاء Self-Realization، في بيفرلي هيلز، كاليفورنيا، ١٩٤٩

قال تلميذ: «سيدي، لماذا يعرف بعض المعلمين الروحيين أكثر من غيرهم من المعلمين؟»

فأجاب برمهنساجي: «إن كل الذين بلغوا حالة التحرر التام متساوون في الحكمة. إنهم يعرفون كل شيء لكنهم نادراً ما يُظهرون تلك المعرفة. ولكي يكسبوا مرضاة الله فإنهم يؤدون الدور الذي خصصه لكل منهم. وإن صدرت عنهم بعض الزلات والهفوات فلأن ذلك التصرف هو جزء من دورهم البشري. لكنهم لا يتأثرون داخليا بأضداد ونسبيات مايا.»

◆ ◆ ◆

أسرَّ أحد التلاميذ للمعلم: «سيدي، إنني أجد صعوبة في الاحتفاظ بالصداقات التي أبنيها.»

فأجاب المعلم: «انتقِ صحبك بحرص وعناية. كن أنيساً مخلصاً معهم، ولكن احتفظ دوماً ببعض المسافة وليكن الاحترام المتبادل صلة الوصل بينك وبينهم، ولا تتخطَ حدود اللياقة معهم. من السهل مصاحبة الآخرين، ولكن إن رغبت في الاحتفاظ بهم فعليك اتّباع بهذه النصيحة.»

◆ ◆ ◆

سأل تلميذٌ: «يا معلم هل يمكن للنفس أن تُفقد فقداناً أبدياً؟»

فأجاب برمهنساجي: «ذلك مستحيل! لأن كل نفس هي جزء من الله، ولذلك فهي خالدة، لا يمسها الفناء.»

◆ ◆ ◆

قال المعلم: «التفتح الروحي بالنسبة للمريد السائر على الطريق الصحيح هو حدثٌ طبيعي يمر دون أن يلاحظه كعملية التنفس. فعندما يمنح الإنسان قلبه لله يفكر به تفكيراً عميقاً

متواصلاً لدرجة أنه لا يدرك معها بأنه قد حلّ كل مشاكل الحياة. وإذ يشرع الآخرون بمناداته (يا معلم) يقول في نفسه متعجباً: «يا للدهشة! هل أصبح هذا الخاطئ قديساً؟ يا رب ليشرق نورك على محيّاي بحيث لا يبصرني أحد، بل يبصرونك أنت فقط.»

•••

كان أحد الطلاب لا يألو جهداً في البحث عن علامات التقدم الروحي، فقال له المعلم:
«إن زرعت بذرة ونبشتها كل يوم لتعرف ما إذا كانت تنمو فلن تتأصل شروشها في التربة. اعتنِ بها عناية صحيحة، ولكن لا تكن فضولياً!»

•••

بينما كان العديد من التلامذة يناقشون الخصائص المميزة لأشخاص مختلفين، قال أحدهم: «حقاً أن ج — هو شخص غريب الأطوار». فقال المعلم:
«لماذا تتفاجؤون؟ فهذا العالم هو مجرد حديقة حيوانات الله».

•••

سأل أحدهم: «أليست تعاليمك بخصوص التحكم بالعواطف خطرة. إذ العديد من علماء النفس يقولون بأن الكبت يؤدي إلى اضطرابات نفسية وأمراض جسدية كذلك.»
فأجاب المعلم:
«إن كبت العواطف أمرٌ ضار — أي التفكير المتواصل بشيء ما دون القيام بخطوات بنّاءة للحصول عليه. ولكن ضبط النفس مُجدٍ ونافع — أي العمل بصبرٍ وأناة على استبدال الأفكار

الخاطئة بالسليمة والأفعال القبيحة بالنافعة.
«الذين ينغمسون في الشرور يجلبون الأذى والضرر على أنفسهم. أما الذين يملؤون عقولهم بالحكمة وحياتهم بالنشاطات البنّاءة فيجنبون أنفسهم آلاماً فظيعة ومعاناة مفزعة.»

•••

قال المعلم: «إن الله يجرّبنا بكل الطرق. فهو يكشف نقاط ضعفنا حتى نتعرف عليها ونحولها إلى نقاط قوة. قد يرسل لنا مِحناً تبدو أنها لا تطاق. وأحياناً يظهر كأنه يدفعنا بعيداً عنه. لكن المريد الذكي سيقول: 'مهما يكن يا رب فإنني أريدك، ولن يصدّني شيء عن بحثي عنك. ودعاء قلبي هو: لا تعرّضني أبداً لتجربة الغفلة عنك أو نسيان حضورك.'»

•••

استعلم تلميذ متشكك: «سيدي هل سأترك يوما ما الطريق الروحي؟» فأجاب المعلم:
«كيف يمكنك ذلك وكل إنسان في العالم هو على الطريق الروحي؟»

•••

طلب أحد التلاميذ متوسلاً: «سيدي، أعطني نعمة الحب التعبدي.»
فأجاب المعلم: «في الواقع، أنت تقول: 'أعطني المال، حتى أتمكن من شراء ما أريد'. لكني أقول: لا، عليك أولاً أن تكسب المال، ثم يمكنك الاستمتاع بحق بما تشتريه.»

•••

٣٧

قصّ المعلم هذا الاختبار كي يلهم أحد التلامذة المُحبطين:

«رأيت ذات يوم نملة صغيرة تحاول تسلّق كومة كبيرة من الرمل، فقلت بيني وبين نفسي: 'لا بد أن النملة تفكّر بأنها تتسلق جبال الهملايا!' ربما بدت كومة الرمل هائلة الحجم بالنسبة للنملة، ولكن ليس لبصري. وبالمثل فإن ملايين من سنواتنا الشمسية قد تكون أقل من دقيقة واحدة في عقل الله. يجب أن ندرّب أنفسنا على التفكير بالأمور العظيمة مثل الأبدية واللانهاية».

❖ ❖ ❖

كان يوغانانداجي يقوم بتمرين المساء على أرض صومعة إنسينيتاس مع مجموعة من التلاميذ. وأثناء التمرين استعلم أحد الشبان من المعلم عن قديس لم يعرف اسمه، قال: «سيدي إنه المعلم الذي ظهر أمامك هنا منذ عدة شهور.» فأجاب المعلم: «لا أتذكر».

فقال الشاب: «كان ذلك في الحديقة الخلفية يا سيدي.»

فقال المعلم: «كثيرون يزورونني هنا. أرى بعض الذين فارقوا العالم وبعض الذين لا يزالون على هذه الأرض.»

فقال الشاب: «ما أروع ذلك يا سيدي!» فأجاب المعلم: «حيثما يوجد متعبد لله يأتي أولياء الله لعنده.» وهنا توقف المعلم للحظة، ممارساً بعض التمارين الرياضية، ثم قال:

«البارحة أثناء التأمل في غرفتي أردت أن أعرف بعض الأمور عن حياة معلم عظيم عاش في العصور الخوالي، فتجسد ذلك المعلم أمامي وجلسنا على سريري لفترة طويلة، جنباً إلى جنب، يداً بيد.»

وسأل الشابُ: «وهل أخبرك عن حياته يا سيدي؟» فأجاب برمهنساجي:

«في تبادل الاهتزازات حصلت على الصورة كاملة.»

❖ ❖ ❖

قال المعلم منبّهاً أفراد نظام Self-Realization الرهباني* من التقاعس الروحي:

«عندما يبلغ المريد حالة نيربيكالبا سمادهي** لا يسقط في أشراك الخداع بعدها. ولكنه لن يكون آمناً ما لم يبلغ تلك الحالة.

«لقد كان لمعلم هندي شهير تلميذ متقدم جداً في الروحيات بحيث كان معلمه يعتبره قدوة حسنة ومثالا صالحاً لغيره. وذات يوم لمّح التلميذ إلى أنه كان يساعد امرأة تقية بالتأمل معها.

فنبهه معلمه بهدوء: «احذر واحترس يا سادهو!»***

«وبعد أسابيع قليلة أفرخت بعض بذور الكارما السيئة في حياة التلميذ ففر مع المرأة لكنه بالرغم من ذلك عاد سريعاً إلى معلمه وصاح معتذراً: 'إنني آسف يا سيدي!' فهو لم يسمح لغلطة كي تصبح محور حياته، بل رمى بكل الأخطاء وراء ظهره وضاعف جهوده من أجل بلوغ المعرفة التامة للذات العليا.»

«ومن هذه الحكاية ستجدون أنه من الممكن أن يغرق حتى كبار المتعبدين لفترة ما في لجج الخداع. فإياكم أن ترخوا حبل اليقظة والاحتراس قبل أن تترسخوا في النعيم الإلهي.»

❖ ❖ ❖

قال المعلم: «العلم المادي هو نظري أكثر من الدين الحقيقي. فالعلم يستطيع استقصاء وتحرّي حركة الذرة ومعرفة طبيعتها الخارجية، لكن ممارسة التأمل تمنح المقدرة الكلية بحيث يتمكن اليوغي من التوحد مع الذرة نفسها.»

* انظر المسرد
** انظر المسرد
*** انظر المسرد

❉ ❉ ❉

تلميذٌ لجوج كان كثيراً ما يحضر إلى مركز ماونت واشنطن*، ويتصل هاتفياً على حساب المتلقي، فقال برمهنساجي ذات مرة: «إنه شخص غريب الأطوار ومع ذلك يبقى قلبه مع الله. وبالرغم من عيوبه سيصل إلى هدفه لأنه لن يدع الله وشأنه حتى يحقق غايته.»

❉ ❉ ❉

عندما وفد المعلم إلى أمريكا كان يرتدي آنذاك الزي الهندي التقليدي، وكان شعره طويلاً مسترسلاً على كتفيه. فسأله أحد الأشخاص، وكان قد افتتن بما بدا له منظراً غريباً: «هل أنت عرّاف، قارئ حظوظ؟» فأجاب برمهنساجي:
«لا. لكنني أعلّم الناس كيف يُصلحون أمورهم ويحسّنون حظوظهم.»

❉ ❉ ❉

تحدّث المعلم ذات يوم للتلاميذ عن قديس سقط من أعلى مستوى بسبب عرضه للقوى الخارقة أمام الجموع، قال: «لكنه أدرك غلطته سريعاً وعاد إلى تلاميذه. وفي آخر أيام حياته بلغ حالة التحرر التام.»

وهنا استعلم أحد المريدين: «سيدي، كيف استطاع أن يرتقي ثانية بهذه السرعة؟ أليست العقوبة الكارمية بالنسبة لرجل يسقط من حالة سامية أشد صرامة منها لشخص عادي يتصرف تصرفاً خاطئاً بدافع الجهل؟ ومن المفارقة أن القديس الهندي لم ينتظر

---

* المقر العالمي لـ Self-Realization Fellowship في لوس أنجلوس، كاليفورنيا. انظر المسرد.

طويلاً لبلوغ الخلاص الأخير!»

فهز المعلم رأسه وقال مبتسماً: «الله ليس ظالماً مستبداً. إن شخصاً متعوداً على تناول طعام في منتهى اللذة لن يطيب له تناول الجبن العفن إن اضطر لذلك. وإن طلب الطعام اللذيذ ثانية بقلب منسحق فلن يحرمه الله مشتهاه.»

•••

ظن أحد الأصدقاء أنه من غير اللائق لـ Self-Realization Fellowship القيام بالنشر والإعلان، فقال المعلم:

«إن شركة ريغلي تستخدم الدعايات لإقناع الناس بضرورة مضغ اللبان (العلكة)، فما الضرر من استخدامي النشر والإعلان لاستمالة الآخرين كي 'يمضغوا' أفكاراً طيبة؟!»

•••

تحدث المعلم عن الكيفية السريعة التي بها نتحرر بنعمة الله من أوهام الخداع الكوني مايا، قال:

«في هذا العالم نبدو غارقين في بحر من المتاعب والآلام، فتهزنا الأم الإلهية كي توقظنا من هذا الحلم المرعب. وكل واحد – عاجلاً أم آجلاً – سيحصل على ذلك الاختبار الذي يمنح التحرر والانعتاق.»

•••

كان أحد التلاميذ يتردد بين طريق الترك ومهنة أرادها منذ وقت طويل، فقال له المعلم بلطف:

«إن كل ما تسعى لتحقيقه، وأكثر منه بكثير، ينتظرك في الله.»

•••

اقترح المعلم على تلميذ كان يبدو غارقا في العادات السيئة: «إن كانت تعوزك قوة الإرادة فحاول تنمية قوة عدم الإرادة [أي عدم الإرادة في ارتكاب الخطأ].»

•••

قال المعلم ذات مرة: «يا لها من مسؤولية جسيمة يتحملها المرء عندما يحاول إصلاح الآخرين! فالوردة تبدو جميلة في المزهرية، ولكن الآخرين ينسون كل أعمال البستنة التي ساهمت في جعلها يانعة ناضرة. وإن اقتضى إنتاج وردة ندية مجهوداً كبيراً فلا بد أن إنتاج كائن بشري مُستكمَل يلزمه مجهوداً أكبر من ذلك بكثير!»

•••

قال المعلم: «لا تُكثروا من الاختلاط بالآخرين. فالصداقات لا ترضينا ما لم تكن راسخة في الحب المشترك لله.»
«إن تشوّقنا للفهم الودي من الآخرين هو بالحقيقة حنين النفس للاتحاد بالله. وكلما حاولنا إشباع تلك الرغبة عن طريق الأشياء الخارجية كلما قلّت احتمالية عثورنا على الرفيق الأقدس.»

•••

قال المعلم: «هناك ثلاثة أصناف من المريدين: مؤمنون يحضرون بيوت العبادة وهم قانعون بذلك فقط، ومؤمنون يحبون حياة النزاهة والاستقامة لكنهم لا يبذلون المجهود اللازم للتوحد مع الله، ومؤمنون مصممون على اكتشاف ذاتهم الحقة.»

•••

عندما سُئل المعلم كي يعرّف معرفة الذات قال:
«معرفة الذات هي العلم — جسداً وعقلاً وروحاً — بأننا واحد مع وجود الله الكلي، وأنه لا يتوجب علينا الابتهال كي نحصل على تلك المعرفة. فنحن لسنا قريبين من ذلك الوجود وحسب، بل أن وجود الله الكلي هو وجودنا الكلي أيضاً، وأننا قريبون منه الآن بنفس الدرجة التي سنكون بها قريبين منه في أي وقت آخر، وما علينا إلا أن نحسّن معرفتنا.»

❖ ❖ ❖

قال المعلم: «إن الله يحقق بسرعة أية حاجة لمتعبديه لأنهم تحرروا من الاعتبارات الأنانية المُحبطة. في الأيام الأولى من مركز ماونت واشنطن، كان الرهن مستحق الدفع ولم يكن لدينا الرصيد الكافي في البنك، فابتهلت بحرارة وقلت لله: 'مصير المؤسسة بين يديك.' فظهرت الأم الإلهية أمامي وقالت بالإنكليزية:

'I am your stocks and bonds; I am your security.'

'أنا أسهمك وسنداتك. أنا ضمانك وأمانك.'

«وبعد ذلك بقليل وصلني عن طريق البريد تبرعٌ مالي كبير للمركز.»

❖ ❖ ❖

كان أحد التلاميذ أميناً وسريع الإنجاز لأي عمل يطلبه منه المعلم، لكنه لم يكن ليسدي أية خدمة للآخرين. وعلى سبيل تقويمه قال له المعلم:
«يجب أن تخدم الغير تماما مثلما تخدمني. اعلم أن الله يسكن في الجميع، فلا تدع فرصة كسب رضاه تفوتك.»

❖ ❖ ❖

قال المعلم: «الموت يعلّمنا عدم الاعتماد على الجسد، بل على الله. لذلك فالموت من هذه الناحية هو صديق. يجب ألا نبالغ في حزننا على أحبائنا المفارقين. فمن الأنانية أن نتمناهم دوماً بقربنا من أجل متعتنا وراحتنا. وينبغي أن نبتهج لأنه تم استدعاؤهم للاقتراب من حرية الروح في أحد العوالم الكوكبية*، في بيئة جديدة أفضل.»

«إن أسى الفراق يجعل معظم الناس ينتحبون لفترة قصيرة ومن بعدها ينسون. أما الحكماء فيشعرون بدافع خفي كي يبحثوا عن أحبتهم في قلب الكائن الأزلي. والذي يفقده المريدون في الحياة الفانية يعثرون عليه ثانية في الوجود اللانهائي.»

•••

استعلم تلميذ: «ما هو أفضل دعاء؟»
فقال المعلم:
«قل لله: 'أسألك أن تعرّفني على إرادتك.' لا تقل: 'أريد هذا وأريد ذاك'، بل آمن وثق بأن الله يعرف حاجتك وستجد بأنك تحصل على أشياء أفضل بكثير عندما يختارها هو لك.»

•••

غالباً ما كان المعلم يطلب من التلاميذ القيام ببعض الأعمال. وعندما أهملت إحدى التلميذات واجباً صغيراً محتسبة أنه شيء زهيد لا يستحق الاهتمام، عاتبها المعلم قائلاً:
«إن الأمانة في إنجاز الواجبات الصغيرة تقوّينا كي نتمسك بمقررات صعبة ستضطرنا الحياة كي نتخذها يوماً ما.»

•••

---

* انظر المسرد

قال المعلم لتلميذ حديث، مستشهداً بأحد أقوال معلمه سري يوكتسوار*:
«بعض الأشخاص يعتقدون أن دخول الصومعة قصد التدريب والتهذيب الذاتي هو أمر يبعث على الحزن كمراسم الدفن، غير أنه قد يكون تكفين ودفن كل الأحزان!»

⁕⁕⁕

قال المعلم: «من الحماقة أن نتوقع السعادة الحقيقية من التعلّقات والمقتنيات الأرضية لأنها لا تقدر على تحقيقها لنا. ومع ذلك فإن ملايين البشر يموتون مكسوري الخاطر بعد محاولاتهم غير المجدية للعثور في الحياة الدنيوية على ذلك الرضا الذي لا وجود له إلا في الله ينبوع كل فرح وابتهاج.»

⁕⁕⁕

وضّح المعلم السبب من عدم تمكّن سوى قلة من الناس من التعرف على الله اللانهائي، قال:
«كما أنه لا يمكن لكوبٍ صغير أن يستوعب مياه المحيط الشاسعة، هكذا العقل البشري المحدود لا يمكنه احتواء وعي المسيح الكوني. ولكن عندما يواصل المرء، عن طريق التأمل، توسيع عقله، فإنه يحصل أخيراً على المعرفة الكلية ويتوحد مع العقل الإلهي الذي يتخلل ذرات الخليقة.»
«قال يوحنا: 'وأما كل الذين قبلوه فأعطاهم سلطاناً أن يصيروا أولاد الله' أي المؤمنون باسمه.»** «وما عناه القديس يوحنا من 'كل الذين قبلوه' هو أن الذين استكملوا قوة تقبّلهم للوعي

---

* مذكرات يوغي، الفصل ١٢
** يوحنا ١: ١٢

المعلم يتأمل في ديهيكا، بالقرب من الموقع الأول لمدرسة البنين، أثناء زيارته للهند في عام ١٩٣٥. تم نقل المدرسة إلى رانشي في عام ١٩١٨، حيث تستمر في النمو والازدهار.

اللانهائي، هم وحدهم الذي يستعيدون مكانتهم 'كأولاد الله.' فهم 'يؤمنون باسمه' من خلال تحقيق الاتحاد مع وعي المسيح.»

• • •

ترك أحد التلاميذ الصومعة بعد أن أمضى فيها فترة من الزمن، وعندما عاد ذات يوم قال بحزن للمعلم: «ما الذي دعاني لمغادرة هذا المكان؟»
فعلّق برمهنساجي متسائلاً: «أليس هذا المكان جنة مقارنة بالعالم الخارجي؟»
فأجاب الشاب: «إنه والله كذلك.» ثم نشج منتحباً لفترة طويلة بحيث أن المعلم بكى لبكائه.

• • •

اشتكت إحدى أخوات معرفة الذات من عدم شعورها بالإخلاص لله، قالت: «هذا لا يعني أنني لا أريد التعرف على الله، لكنني أبدو غير قادرة على توجيه حبي له. فما الذي ينبغي أن يفعله أولئك الذين يعانون مثلما أعاني من حالة 'الجفاف' الروحي هذه؟»
فأجاب المعلم: «يجب ألّا تفكري بأن الحب الإلهي يعوزك، وعليكِ أن تعملي على تنميته. ولماذا تقلقين وتتكدرين لأن الله لم يظهر ذاته لكِ؟ فكّري بالزمن الطويل الذي تغافلتِ فيه عن الله!
«تأمّلي أكثر ولتكن تأملاتك عميقة. اتبعي تعليمات الصومعة واعملي بموجب الإرشادات والتوجيهات وسترين أنه بتغيير عاداتك ستوقظين في قلبك ذكرى حضوره العجيب. وإذ تتعرفين على الله فإنك دون شك ستحبينه.»

• • •

في أحد أيام الأحد حضر المعلم قدّاساً في كنسية، وقامت جوقة المرتلين بإنشاد بعض الترانيم احتفاءً به. وإثر انتهاء القدّاس سأل رئيسُ الجوقة برمهنساجي: «هل استمتعت بالغناء؟»

فأجاب شري يوغانداجي دون حماس: «كان لا بأس به.»

فقال المنشدون: «إذاً لم يعجبك!»

أجاب: «ولكني لم أقل ذلك.»

وإذ ألحّوا عليه طالبين الإيضاح.

قال المعلم: «من الناحية الفنية كان الإنشاد رائعاً، ولكنكم لم تعرفوا لمن كنتم تنشدون. لقد كان همّكم الوحيد إرضائي وإرضاء الحاضرين. في المرة القادمة لا ترنّموا للإنسان، بل لله.»

◆ ◆ ◆

كان التلاميذ يناقشون بتعجّب الآلام التي تحمّلها برضاء القديسون الشهداء عبر التاريخ، فقال المعلم:

«إن مصير الجسد لا أهمية له بالنسبة للعارف بالله. الجسد يشبه الصحن الذي يستعمله المتعبد أثناء تناول وجبة حكمة الحياة. وبعد أن يُشبع جوعه للأبد فما قيمة الصحن الذي قد ينكسر ويتحطم؟ ولكن نادراً ما يشعر المتعبد بذلك نظراً لاستغراقه العميق في الله.»

◆ ◆ ◆

كانت أمسيات الصيف الطويلة غالباً ما تشهد المعلم منهمكاً في نقاشات روحية مع التلاميذ على شرفة صومعة إنسينيتاس. وذات مرة تحول الحديث إلى المعجزات، فقال المعلم:

«معظم الناس مهتمون بالمعجزات ويرغبون مشاهدتها. لكن معلمي الجليل سري يوكتسوارجي الذي كان يمتلك القدرة على التحكم بكل القوى الطبيعية كانت لديه وجهة نظر صارمة

بهذا الخصوص. وقبل مغادرتي الهند كي أحاضر في أمريكا قال لي: «يقّظ حب الله في قلوب الناس، ولا تجتذبهم إليك بعرض القوى الخارقة.»

«فإن مشيتُ على النار والماء وملأتُ قاعات المحاضرات في البلاد بالباحثين الفضوليين، فأي خير يحصل من ذلك؟ انظروا النجوم والغيوم، والمحيط وقطرات الندى على الأعشاب! فهل لمعجزة بشرية يمكن مقارنتها بهذه الظواهر غير القابلة للتفسير؟ ومع ذلك قلائل هم الذين يسترشدون بكتاب الطبيعة كي يحبوا الله معجزة المعجزات!»

❖ ❖ ❖

قال المعلم لمجموعة من التلاميذ الفتيان المسوّفين:

«يجب أن تنظّموا حياتكم. لقد خلق الله الروتين. فالشمس تشرق حتى الغسق والنجوم تتألق حتى الفجر.»

❖ ❖ ❖

استعلم زائرٌ: «أليست حكمة القديسين ناتجة عن حصولهم على نعمة خاصة من الله؟»

فأجاب المعلم: «لا. إن امتلاك بعض الناس لمقدار أقل مما يمتلكه سواهم من المعرفة المقدسة لا يعني أن الله يحدّ أو يقنن فيض نعمته للبشر، بل السبب يعود إلى أن معظم الناس يُعيقون انسياب نوره الدائم السطوع من خلالهم. وبالتخلص من الحجب المظلمة للأنانية ومحبة الذات يمكن لجميع بنيه أن يعكسوا بنفس القدر إشعاعات معرفته الكلية.»

❖ ❖ ❖

تكلّم أحد الزائرين باستهانة واستخفاف بما يُسمّى عبادة

الأوثان في الهند، فقال المعلم بهدوء:
«إذا جلس شخصٌ بعينين مغمضتين في مكان العبادة وسمح في نفس الوقت لأفكاره بالتركيز على الأمور الدنيوية – التي هي أوثان مادية – فإن الله على دراية بأن العبادة ليست موجّهة له أو مرفوعة إليه.»
«وإن سجد شخص أمام حجر معتبراً أنه رمز للروح الإلهي الحيّ الكلي الوجود ومذكّر به، فإن الله يتقبل منه تلك العبادة.»

❖ ❖ ❖

قال تلميذ للمعلم: «إنني ذاهب إلى التلال كي أكون وحيداً مع الله.»
فأجاب برمهنساجي: «لن تتقدم روحياً إن فعلت. فعقلك غير مستعد حالياً للتركيز بعمق على الروح. وأفكارك ستحوم في أكثر الأحيان حول ذكريات الناس والتسليات، حتى ولو اعتزلت في كهف منيع. إن أداء واجباتك الأرضية بابتهاج داخلي، مع التأمل اليومي هو الطريق الأفضل.»

❖ ❖ ❖

قال المعلم لتلميذ بعد أن أثنى عليه:
«عندما يُقال لك أنك طيّب فينبغي ألا تتراخى، بل عليك أن تضاعف جهودك كي تصبح أفضل من ذلك. فتحسّنك المتواصل يرضي الله ويسعدك ويسعد الذين من حولك.»

❖ ❖ ❖

قال المعلم:
«الترك ليس حالة سلبية، بل إيجابية. فهو ليس تخلياً إلا عن التعاسة.»

«يجب ألّا يفكّر المرء بأن الزهد هو طريق تضحية. بل هو استثمار مقدّس بحيث أن الفلوس الزهيدة لتهذيبنا الذاتي ستدرّ علينا ملايين الدولارات الروحية. أليس من الحكمة أن نصرف النقود الذهبية لأيامنا العابرة كي نشتري بها الأبدية؟»

* * *

قال المعلم وهو يحدّق في الكثير من الزهور التي تزيّن المعبد:

«لأن الله هو الجمال فقد خلق الحسن والروعة في الأزهار علّها تتحدث عنه. فهي أكثر من أي شيء آخر في الطبيعة تشير إلى وجوده. فوجهه المتألق يرنو من نوافذ الزنابق والزهور الزرقاء الصغيرة. وفي أريج الورد يبدو وكأنه يقول: 'ابحث عني.' تلك هي طريقة كلامه، وما عدا ذلك يلتزم الصمت.

إنه يُظهر شغل يديه في محاسن الخليقة، لكنه لا يُظهر أنه هو المتواري خلف الستائر والحُجب.»

* * *

طلب اثنان من تلاميذ الصومعة من برمهنساجي كي يأذن لهما بزيارة أصدقائهما، فأجاب:

«في بداية التدريب النسكي من غير المستحسن للمريد أن يُكثر من الاختلاط مع ذوي الميول الدنيوية لأن عقله سيصبح راشحاً كالمصفاة التي يتسرب منها السائل، فلا يقدر على الاحتفاظ بمياه الإدراك الإلهي. الجولات والسفرات لن تمنحكما المعرفة بالمطلق اللانهائي: الله.»

ولما كانت طريقة المعلم هي الإيحاء وليس الأمر، أضاف قائلاً:

«من واجبي أن أنبهكما عندما أرى أنكما تنحرفان في اتجاه

خاطئ، ولكن افعلا ما يحلو لكما.»

• • •

قال المعلم: «إن الله يحاول – على الأرض – تطوير الفن العالمي للعيش المتوازن السعيد عن طريق تشجيع وبث مشاعر الإخاء في قلوب الناس وغرس احترام وتقدير الآخرين. لذلك فهو لم يسمح لأية أمة بأن تكون كاملة بذاتها. فلأفراد كل شعب وهَبَ بعض القدرات والكفاءات الخاصة بهم، واختصهم بنبوغ فريد من نوعه، بحيث يمكنهم أن يساهموا مساهمة متميزة في الحضارة العالمية.»

«السلام على الأرض سيزدهر بوتيرة أسرع بين الأمم من خلال تبادلها البنّاء لأفضل الخاصيات والمزايا لكل منها. وإذ نغضّ الطرف ونتغاضى عن عيوب الشعوب، علينا أن نميّز بوضوح فضائلها ونتشبه بها. ومن الأهمية بمكان أن نلاحظ أن المُثل العليا لكل البلدان قد تمثّلت في عظماء القديسين عبر التاريخ، الذين كانوا تجسيداً لأسمى مبتغى وتطلعات كل الأديان.»

• • •

كانت أحاديث المعلم تشرق بالابتسامات، وذات مرة قال:
«إنني أرى السائرين على الطريق الروحي كالعدّائين في حلبة السباق. بعضهم يركض، آخرون يسيرون ببطء، والبعض يجري للخلف!»
وفي وقت آخر لاحظ قائلا:
«الحياة هي معركة. الناس يصارعون أعداءهم الباطنيين من جشع وجهل، وكثيرون يصابون برصاص الرغبات والشهوات.»

❖ ❖ ❖

وبّخ برمهنساجي مجموعة من التلاميذ لعدم إنجازهم واجباتهم بكفاءة وفعالية. وإذ اغتمّوا وحزنوا كثيراً، قال المعلم:
«لا يطيب لي أن أعنّفكم لأنكم كلكم طيبون جداً، لكنني عندما أرى بقعاً على جدار أبيض أرغب في إزالتها.»

❖ ❖ ❖

كان برمهنساجي مسافراً مع مجموعة صغيرة من التلاميذ في سيارة لزيارة إحدى خلوات Self-Realization، فمرّوا بعجوز يحمل كيساً على ظهره ويمشي ببطء وتثاقل على طريق ترابي في حر الشمس. فطلب المعلم توقيف السيارة، ثم نادى ذلك الشيخ وأعطاه بعض النقود. وبعد بضع دقائق قال برمهنساجي للتلاميذ:
«آه من العالم ومفاجآته الفظيعة! نحن راكبون والشيخ يمشي. عليكم جميعاً أن تصمموا على النجاة من المخاوف التي تسببها منعطفات الخداع مايا غير المتوقعة. فلو امتلك ذلك الرجل المسكين معرفة الله لكان الفقر والغنى عنده سيان. في اللانهائي تتحول كل حالات الوعي إلى وعي واحد من الغبطة دائمة التجدد.»

❖ ❖ ❖

سأل أحدُ التلامذة: «سيدي، أي مقطع من سيرتك الذاتية (مذكرات يوغي) تعتبره الأكثر إلهاماً بالنسبة للشخص العادي؟»
فكّر المعلم لبرهة قصيرة ثم قال:
«هذه الكلمات لمعلمي سري يوكتسوار:
'انسَ الماضي، فالسلوك البشري لا يمكن الركون إليه أو التعويل عليه حتى يبلغ الإنسان الشاطئ الإلهي. كل شيء في

المستقبل سيتحسّن ما دمت تبذل مجهوداً روحياً الآن.٬»

◆ ◆ ◆

قال المعلم: «إن الله يتذكرنا حتى وإن لم نذكره. فلو نسي الخليقة ولو لثانية واحدة لامّحى كل شيء من الوجود دون أثر. من غير الله يحفظ هذه الكرة الأرضية سابحة في الفضاء؟ ومن غيره يستحث نمو الأشجار وتفتح الأزهار؟ إنه الله وحده الذي يحتفظ بقلوبنا نابضة بالحياة. وهو الذي يهضم طعامنا ويجدد خلايا أجسامنا كل يوم. ومع ذلك ما أقل الذين يذكرونه من أبنائه!»

◆ ◆ ◆

قال برمهنساجي: «العقل كالمطاطة العجيبة التي يمكن مطّها وتوسيعها إلى ما لا نهاية دون أن تنقطع!»

◆ ◆ ◆

سأل تلميذ٬: «كيف يستطيع القديس أن يأخذ على عاتقه كارما* الآخرين الرديئة؟»

فأجاب المعلم: «إن رأيتَ شخصاً يحاول ضرب شخص آخر فبإمكانك أن تقف أمام ذلك الشخص الضحية وتتلقى الضربة بدلاً منه. ذلك ما يفعله المعلم العظيم. فهو يدرك متى سترتد إلى تلاميذه النتائج العكسية لكارماهم الرديئة السابقة. فإن وجَد من الحكمة أن ينقل إلى نفسه نتائج أخطاء تلاميذه يفعل ذلك باستخدام طريقة ميتافيزيقية معيّنة. إن قانون السبب والنتيجة

* انظر المسرد. إن طريقة تحويل الكارما مشروحة بتفصيل أكبر في الفصل ٢١ من مذكرات يوغي.

يعمل بكيفية آلية أو رياضية، واليوغيون يعرفون كيف يتحكمون بتياره ويوجّهون مساره.»

«وبما أن القديسين على معرفة بالله ودراية به كوجود أزلي وقوة الحياة التي لا تنضب ولا تفنى، فإنهم يمتلكون المقدرة على تحمّل لطمات قد تقضي على الشخص العادي. إن عقولهم لا تتأثر بالمرض الجسدي أو بالنكبات والرزايا الدنيوية.»

❖ ❖ ❖

كان المعلم يبحث مع المريدين خطط توسيع عمل Self-Realization Fellowship، فقال:
«تذكّروا بأن المعبد هو الخلية، ولكن الله هو العسل. لا تكتفوا بالتحدث إلى الناس عن الحقائق الروحية وحسب، بل علّموهم كيف يمكنهم بلوغ الوعي الإلهي.»

❖ ❖ ❖

كان برمهنساجي عديم التعلق، ومع ذلك كان محباً وفياً على الدوام، وذات يوم قال:
«عندما لا أرى أصدقائي لا أفتقدهم، ولكني عندما أراهم لا يعتريني الملل من رؤيتهم أبداً.»

❖ ❖ ❖

قال المعلم: «إنني أرى الله ظاهراً بجلاء في خليقته. أنظرُ إلى شجرة جميلة فيخفق قلبي ويهمس 'إنه هنا' فأنحني إجلالاً له. ألا يتخلل كل ذرة من ذرات الأرض؟ وهل لعالمنا من وجود بمعزل عن قوة الله الماسكة؟ إن المتعبد الصادق يراه في كل الناس وفي كل الأشياء. كل صخرة تصبح بالنسبة له هيكلاً مقدّساً.

عندما أمرَ الله: ’لا يكن لك آلهة أخرى أمامي. لا تصنع لك تمثالاً منحوتاً ولا صورة‘* فقد عنى بذلك عدم تكريم المخلوقات أكثر من الخالق. يجب ألا يشغل حبُنا للطبيعة، للأسرة، للأصدقاء وللواجبات والممتلكات عرش قلبنا الأسمى، لأن ذلك هو محراب الله وقدس أقداسه.»

❖ ❖ ❖

قال المعلم بعد أن نبّه أحد التلاميذ إلى أغلاطه:

«يجب ألا تتحسس من تقويمي لك. فلأنك تكسب دوماً المعركة ضد العادات المدفوعة بالأنانية أتابع توضيح معالم طريق تهذيب النفس لك. إنني أباركك على الدوام من أجل مستقبل مشرق بالخير والأعمال الطيبة. لقد قمتُ بتنبيهك هذا المساء لئلا تتعود على أداء واجباتك الروحية بطريقة آلية فتنسى أن تبذل كل يوم مجهوداً أكبر للعثور على الله.»

❖ ❖ ❖

زار راعي إحدى الكنائس برمهنساجي ذات مساء، وقال الزائر باكتئاب وحسرة: «إنني مشوّش جداً في تفكيري الروحي.»

فسأله المعلم: «إذاً لماذا تعظ الناس؟»

قال: «لأنني أحب الوعظ.»

فقال المعلم: « ألم يقل لنا السيد المسيح إن الأعمى يجب ألا يقود العميان؟** إن شكوكك ستتبدد لو تعلّمت ومارست طريقة التأمل على الله الذي هو جوهر الحقيقة واليقين. وبدون إلهامه كيف تقدر على نقل مدركات مقدسة للآخرين؟!»

* خروج ٤-٣:٢٠
** متى ١٥:١٤

⁂ ⁂ ⁂

كان المريدون يصغون بشوق وتلهّف في القاعة الرئيسية بصومعة إنسينيتاس حيث تحدث المعلم لساعات طويلة في الليل عن مواضيع جليلة، وختم حديثه قائلاً:

«إنني هنا لأخبركم عن الفرح العظيم الذي يمكن العثور عليه في الله. ذلك الفرح الذي لكل واحد منكم الحرية في البحث عنه والعثور عليه. ذلك الفرح الذي يغمر كل لحظة من لحظات حياتي، لأن الله يسير معي، يتحدث إليّ، يفكّر معي، يسليني، ويهديني في كل صغيرة وكبيرة، فأقول له: 'إلهي، ليس لديّ مشاكل، لأنك معي على الدوام! إنني سعيد لأن أكون خادمك والوسيلة المتواضعة لمساعدة بنيك. فكل ما ترسله إليّ من أشخاص وأحداث هو مسؤوليتك أنت، ولن أتعارض مع خطتك من أجلي بخلق رغبات شخصية.'»

⁂ ⁂ ⁂

كان أحد الشبان يفكّر في الحصول على التدريب الروحي فقال: «إنني أعلم يقيناً بأنني لن أعثر على السعادة إلا في الله، إلا أن أموراً دنيوية كثيرة لا زالت تجذبني إليها.»

فأجاب المعلم: «إن الطفل الذي يعجن الطين ليصنع منه فطائرَ يظن أن ما يفعله شيء ممتع. لكنه يفقد تلك المتعة عندما يجتاز مرحلة الطفولة. وبالمثل، فعندما تنمو روحياً لن تفقد ملذات العالم أو تفتقدها.»

⁂ ⁂ ⁂

قال المعلم للمريدين إثر التحدّث إلى عدة رجال متعلمين:
«إن العديد من ذوي المعرفة العقلانية ممن يستشهدون

بأقوال الأنبياء هم كالفونوغراف. وكآلة التسجيل التي تشغّل أسطوانات تحتوي على أقوال مقدسة دون أن تعي معناها، هكذا يردد الكثير من العلماء ما جاء في الأسفار المقدسة دون معرفة حقيقية لمضمونها وأهميتها. إنهم لا يدركون القيم العميقة للنصوص الروحية التي تجدّد الحياة وتسمو بالنفوس. فمثل هؤلاء لا يكتسبون من دراساتهم معرفة الله بل فقط معرفة الكلام. ويصبحون متكبرين ومولعين بالجدل والنقاش.»

وأضاف قائلا: «لهذا السبب أطلب منكم جميعاً التقليل من القراءة والإكثار من التأمل.»

❖ ❖ ❖

قال المعلم: «في الخليقة يبدو أن الله يهجع في المعادن، يحلم في الزهور، يستيقظ في الحيوانات، وفي الإنسان* يعرف بأنه متيقّظ.»

❖ ❖ ❖

لقد بذل المعلم وقته للمريدين وللباحثين عن الحقيقة دون تحفّظ أو قيود، ثم التمس السلام الانفرادي في إحدى خلوات Self-Realization في الصحراء. وعندما بلغ مع مجموعة صغيرة مقصدهم تم توقيف محرك السيارة فظل برمهنساجي جالساً بهدوء داخلها. وبدا أنه يغمر ذاته في السكينة الغامرة لليل الصحراء. وأخيراً قال:

* «لم يكن جسم الإنسان نتيجة التطور من الحيوانات فحسب، بل تم إنتاجه عن طريق عملية خلق خاصة من قبل الله. فأشكال الحيوانات كانت شديدة الخشونة بحيث يتعذر استكشاف الألوهية الكاملة من خلالها. وقد أُعطي الإنسان بصورة فريدة مراكز سرية ومتيقظة بشكل مرهف في العمود الفقري، إضافة إلى «اللوتس الألفية البتلات» ذات المعرفة الكلية الكامنة في الدماغ.»
- مذكرات يوغي

«حيثما وُجِدَ نبعُ ماءٍ يجتمع عنده الظامئون. ولكن أحياناً ـ لأجل التغيير ـ يرغب النبع في البقاء لوحده.»

• • •

قال المعلم: «إن في داخل هيكلك الجسدي باباً مقدساً للألوهية* فاعمل على تسريع تطورك بالغذاء المناسب والعيش الصحي واحترام جسدك كهيكل لله. افتح أبوابه الفقرية السرية بممارسة التأمل العلمي.»

• • •

قال أحد الطلاب: «لطالما رغبت في البحث عن الله يا معلم، لكنني أريد أن أتزوج. ألا تعتقد أنه لا يزال بإمكاني تحقيق الهدف الإلهي؟»

أجاب المعلم: «الشاب الذي يفضّل أن يكون له عائلة أولاً، معتقداً أنه سيطلب الله بعد ذلك، قد يرتكب خطأً جسيماً. في الهند القديمة كان الأطفال يتلقون تعليمات حول الانضباط الذاتي في صومعة. اليوم، مثل هذا التدريب غير متوفر في جميع أنحاء العالم. الإنسان العصري لا يمتلك سيطرة كبيرة على حواسه ودوافعه وحالاته المزاجية ورغباته. إنه سريع التأثر بمحيطه وبيئته. وفي سير الأحداث الطبيعي يدخل مرحلة رب الأسرة فيرزح تحت عبء الالتزامات الدنيوية، وغالباً ما ينسى أن يتذكر الله ولو بابتهال صغير.»

---

* لقد جهز الله جسد الإنسان، وحده من بين مخلوقاته، بمراكز فقرية سرية يمنح تيقظها (بواسطة اليوغا أو، في بعض الحالات، بالحماس التعبدي القوي) الاستنارة الإلهية. لذلك تُعلّم الكتب المقدسة الهندوسية (١) أن الجسم البشري هو هبة ثمينة، و (٢) أن الإنسان لا يستطيع أن يستهلك كارماه المادية إلا في جسد مادي. وسوف يتجسد على هذه الأرض مراراً وتكراراً، حتى يصبح معلماً مستنيراً. عندها فقط يكون الجسم البشري قد حقق الغرض الذي خُلق من أجله. (انظر العودة إلى التجسد في المسرد).

برمهنساجي يوجه تحية حارة لبعض الأعضاء خارج معبد Self-Realization
في سانديبغو، كاليفورنيا، ١٩٤٩

* * *

سأل تلميذٌ: «لماذا المعاناة منتشرة بهذا الشكل في العالم؟»
فأجاب المعلم:

«توجد أسباب عديدة للمعاناة. إحداها هو للحد من رغبة الإنسان الفضولية في معرفة الكثير من التفاصيل المتعلقة بحياة الآخرين دون معرفة كافية لنفسه. الألم، في نهاية المطاف، يضطر الإنسان كي يفكر مندهشاً: 'هل هناك قانون سبب ونتيجة يعمل في حياتي؟ وهل متاعبي ناجمة عن تفكيري الخاطئ.'»

* * *

بعد أن أدرك أحد التلاميذ العبء الكبير الذي يتحمله القديس كي يساعد الآخرين، قال ذات يوم لبرمهنساجي: «سيدي، عندما يحين موعد الرحيل فإنك بدون شك ستكون سعيداً لمغادرة هذه الأرض دون العودة ثانية إليها.»

فأجاب المعلم: «ما دام يوجد أناس في هذا العالم يستغيثون طلباً للمساعدة فسوف أعود بقاربي المرة تلو الأخرى وأعرض عليهم أخذهم إلى الشواطئ الإلهية.»

«أينبغي لي أن أتنعم بالحرية في حين يعاني الآخرون ويتألمون؟ وإذ أعلم أنهم يرزحون تحت وطأة البؤس (ولكنتُ أنا أيضا مثلهم لو لم يظهر الله لي نعمته)، لا أستطيع أن أستمتع بشكل كامل بالنعيم الإلهي الذي يفوق الوصف.»

* * *

قال المعلم لمجموعة من التلاميذ: «تجنّبوا النظرة السلبية للحياة. ولماذا التحديق في المجاري والبالوعات والجَمال من حولنا؟ قد يجد الشخص عيباً في أروع آيات وتحف الفن

والموسيقى والأدب. ولكن أليس من الأفضل التمتع بسحرها وروعتها؟

«إن للحياة جانباً مشرقاً وأخر مظلماً لأن العالم مكوّن من النور والظلال. إن سمحتم لأفكاركم في التركيز على الشر فسوف تجلبون لأنفسكم القبح والبشاعة. ابحثوا فقط عن الخير في كل شيء لعلكم تتشربون جوهر الجمال.»

❖ ❖ ❖

استعلم أحد المريدين: «يا معلم، إنني على دراية بالحياة الحاضرة لا غير. فلماذا لا أتذكّر التجسدات* السابقة وأمتلك معرفة مسبقة للحياة القادمة؟»

فأجاب برمهنساجي: «الحياة تشبه سلسلة عظيمة في محيط الله. ولدى سحب جزء من السلسلة من الماء لا ترى سوى ذلك الجزء الصغير فقط، إذ البداية والنهاية مغمورتان. في هذا التجسّد ترى فقط حلقة واحدة من سلسلة الحياة. الماضي والمستقبل – بالرغم من كونهما غير منظورين – يبقيان في أعماق الله الذي يظهر أسرارهما للمريدين المتناغمين معه.»

❖ ❖ ❖

سأل أحد الزائرين: «هل تؤمن بألوهية المسيح؟» فأجابه المعلم:

«نعم. أحب أن أتحدث عنه لأنه كان ذا معرفة ذاتية كاملة. ومع ذلك، لم يكن ابن الله الوحيد، ولم يدّعِ أنه كذلك. بدلاً من ذلك، علّم بوضوح أن أولئك الذين يفعلون مشيئة الله يصبحون، مثلما أصبح هو، واحداً مع الله. ألم تكن مهمة يسوع على الأرض تكمن

* انظر العودة إلى التجسد في المسرد

في تذكير جميع الناس بأن الرب هو أبوهم السماوي، وإرشادهم إلى طريق العودة ثانية إليه؟»

❖ ❖ ❖

أبدى أحد التلاميذ الملاحظة التالية: «لا يبدو من العدل أن يسمح الله بوجود مثل هذا الشقاء الكبير في العالم».

فأجاب المعلم: «لا توجد قسوة في التدبير الإلهي. ففي نظر الله لا يوجد خير أو شر بل هناك صور من النور والظلال لا غير. لقد أرادنا الله أن نرى مَشاهد الحياة الثنائية تماماً مثلما يراها هو: الشاهد والمُشاهد المغتبط للمسرحية الكونية الجبارة! لقد ربط الإنسان نفسه وحقق ذاته من قبيل الوهم مع تلك (الأنا) الزائفة. وعندما يحوّل تحققه ويتماهى مع كيانه الحقيقي – الروح الخالدة – يرى عندها أن كل الآلام غير حقيقية، ولن يقدر أن يتصوّر حالات التألم.»

ثم استطرد قائلا: «إن أعاظم المعلمين الذين يأتون إلى الأرض كي يساعدوا وينجدوا إخوتهم الضائعين يسمح لهم الله بأن يتحملوا – على مستوى معيّن من عقولهم – أحزان ومآسي البشر. ولكن تلك المشاركة الوجدانية في المشاعر الإنسانية لا تعكّر حالات الوعي العميقة التي من خلالها يتذوق القديسون الغبطة الدائمة.»

❖ ❖ ❖

غالباً ما كان المعلم يقول للمريدين: «أغنية يجب أن ترنّموها لله على الدوام، دون أن يسمعكم أحد، هي: 'إلهي، سأظل مخلصاً لكَ إلى الأبد.'»

❖ ❖ ❖

قرر أحد المريدين مغادرة الصومعة، وقال لبرمهنساجي:
«لا يهم أين أكون، سوف أتأمل وأتبع تعاليمك دائماً.»
فأجاب المعلم: «لا، لن تكون قادراً على فعل ذلك.» مكانك هو هنا، وإذا عدت إلى حياتك القديمة، فسوف تنسى هذا الطريق.»
غادر التلميذ ولم يتمكن من الاستمرار في ممارسة التأمل وانغمس في الحياة الدنيوية، فحزن المعلم على 'خروفه الضائع' وقال للتلاميذ:
«للشر قوّته. فإن تحالفتم معه سيمسك بكم ويبسط سيطرته عليكم. عندما ترتكبون زلّة، عودوا على الفور إلى دروب البِر والفضيلة.»

•••

قال المعلم لمجموعة من المريدين: «إن قال لكم أحدهم 'أنا الله' فستشعرون بأنه لا يتكلم الحقيقة. ولكن يستطيع كل واحد منا أن يقول بحق: 'لقد أصبح الله ذاتي.' ومن أي جوهر آخر نحن مخلوقون؟ إن الله هو نسيج الخليقة الأوحد. قبل أن يأتي بالعوالم المظهرية إلى حيّز الوجود لم يكن من شيء موجود سواه كروح! ومن كيانه خلق كل ما هو كائن: الكون وأرواح البشر.»

•••

سأل تلميذ: «سيدي، هل ينبغي لي أن أقرأ الكتب؟»
فأجاب المعلم: «إن دراسة الأسفار الروحية ستلهمك وتغذي فيك حماساً أكبر لله فيما إذا قرأت المقاطع والفقرات بتمهّل وتمعّن محاولاً استيعاب معناها العميق. غير أن دراسة النصوص المقدسة دون مراعاة نصائحها يخلق في الشخص الزهو والرضا الزائف، وما أسميه 'عُسر الهضم العقلي.'

«كثيرون مضطرون لتركيز اهتمامهم على الكتب العلمانية من أجل كسب لقمة العيش، ولكن الطامحين الروحيين أمثالك يجب ألّا يقرؤوا كتباً غير مقدّسة خلتْ صفحاتها من ذكر الله.»

* * *

سأل أحد التلاميذ: «هل الخليقة تمرُ فعلاً في عملية نشوء»؟
فأجاب المعلم:
«النشوء هو إيحاء من الله لعقل الإنسان، وهو حقيقي فقط في عالم النسبية. لكن بالحقيقة كل شيء يحدث في الحاضر. في الروح الإلهي لا يوجد نشوء أو تطور، مثلما لا يوجد تغيّر في أشعة الضوء التي بواسطتها تظهر كل الصور المتعاقبة على شاشة السينما. إن الله قادر على إرجاع مناظر الخليقة إلى الوراء أو تقديمها إلى الأمام، ولكن في الحقيقة كل شيء يحدث في الآن الأزلي.».

* * *

استعلم أحد التلاميذ: «هل العمل من أجل الله وليس من أجل الذات يعني أنه من الخطأ أن يكون الإنسان طموحاً»؟
فأجاب المعلم: «لا. يجب أن تكون طموحاً كي تتمكن من إنجاز عملك إكراماً لله. فإن كانت إرادتك واهنة وطموحك هامداً تكون قد خسرت الحياة فعلاً. ولكن لا تدع الطموح يخلق بك ارتباطات وتعلّقات دنيوية.

«إن طلبتَ الأشياء لنفسك فقط فذلك مسعىً تدميري. وإن طلبت الأشياء من أجل الآخرين توسّع بذلك حدود وعيك. ولكن أفضل من كل شيء هو أن تطمح لمرضاة الله، لأن ذلك يأخذك مباشرة إلى الحضرة الإلهية.»

* * *

قال أحدهم لبرمهنساجي: «إنني أشعر بانجذاب نحو حياة النسك، ولكني أجد نفسي متردداً في التخلي عن حريتي.»

فأجاب المعلم: «بدون معرفة الله لا تمتلك حرية تُذكر. فحياتك محكومة بالدوافع والأهواء والرغبات والظروف المحيطة بك. وباتباعك لنصيحة مرشد روحي وقبولك بتدريبه وتهذيبه سوف تتحرر تدريجياً من العبودية الحسية. الحرية معناها المقدرة على التصرّف وفقاً لتوجيهات الروح وليس بدافع الرغبات والعادات. إطاعة الأنا تقود إلى القيود، والامتثال [لإيعازات] الروح يَهب التحرر والانعتاق.»

* * *

استعلم أحد التلاميذ قائلا: «سيدي هل هناك من طريقة علمية غير الكريا يوغا يمكن أن تأخذ المريد إلى الله؟»

فأجاب المعلم: «نعم. هناك طريقة مضمونة وسريعة لبلوغ اللانهائي وهي حصر الانتباه واليقظة في مركز وعي المسيح* [الوعي الروحي] في الجبهة ما بين الحاجبين.»

* * *

استعلم تلميذ: «هل من الخطأ أن يشكّ الإنسان؟ فأنا لا أريد أن أؤمن إيماناً أعمى.»

فأجاب المعلم: «هناك نوعان من الشك: واحد هدّام والآخر بنّاء. الشك الهدّام هو ارتياب اعتيادي. فالذين يسيرون في هذا الاتجاه يرتابون دون تبصّر ويتخلون عن التنقيب الموضوعي والمحايد. أما الإلحاد فهو تشويش على لاسلكي الإنسان العقلي

* انظر العين الروحية في المسرد.

مما يسبب له فقدان برنامج الحقيقة.»

«الشك البنّاء هو تساؤل حصيف وتدقيق منصف. فالذين ينمّون هذه النظرة لا يحكمون على الأمور حكماً مسبقاً ولا يقبلون آراء الآخرين كقضايا مسلّم بصحتها. في الطريق الروحي يبني ذوو الشك البنّاء آراءهم ويؤسسون استنتاجاتهم على أسس من التجارب والاختبارات الذاتية: وذلك هو النهج الصحيح للتوصل إلى الحقيقة.»

◆◆◆

قال المعلم في إحدى محاضراته: «لماذا يجب أن يمنحكم الله ذاته بسرعة وسهولة يا من تكدّون وتكدحون من أجل المال ولا تبذلون المجهود الكافي من أجل بلوغ المعرفة المقدسة؟! القديسون الهندوس يخبروننا بأنه إن صرفنا وقتاً قصيراً لمدة أربع وعشرين ساعة في الابتهال المتواصل وغير المنقطع لظهر الله أمامنا أو لعرّفنا على ذاته بوسيلة أو بأخرى. ولو خصّصنا ساعة واحدة يومياً للتأمل العميق عليه سيحين الوقت الذي يأتي فيه إلينا.»

◆◆◆

كان برمهنساجي قد نصح أحد الطلاب من ذوي الميول العقلانية كي يحاول تنمية الإخلاص والشوق لله. وإذ شعر بأن الشاب يحرز تقدماً ملموساً، قال له المعلم ذات يوم بمودّة: «واصل السير في المسار التعبدي، فحياتك كانت جافة وناشفة للغاية عندما كنتَ تعتمد على العقل فقط [دون القلب]!»

◆◆◆

قال المعلم: «الشهوات هي ألد أعداء الإنسان ولا يمكن إشباعها. امتلكوا رغبة واحدة فقط وهي التعرف على الله. إن إشباع الرغبات الحسية لا يمكن أن يرضيكم لأنكم لستم الحواس. فهي خدَمكم وليست أنتم.»

❖ ❖ ❖

كان برمهنساجي يجلس مع التلاميذ قرب الموقد في بهو الصومعة، وقد تحدث عن مواضيع روحية فقال:
«تصوروا شخصين إثنين، عن يمينهما وادي الحياة وعن يسارهما وادي الموت. كلاهما ذو عقل وإدراك، ولكن أحدهما يسير باتجاه اليمين والآخر باتجاه اليسار. لماذا؟ لأن الأول أحسن استخدام قوة تمييزه والآخر أساء استعمال تلك القوة بانهماكه بالتحليلات العقيمة والتعليلات الزائفة.»

❖ ❖ ❖

سأل أحدهم: «يا معلم، لقد كان الدكتور لويس أول تلاميذك في هذا البلد، أليس كذلك؟»
فأجاب برمهنساجي: «هكذا يقولون.» وإذ رأى أن السائل قد اعترته الدهشة، أضاف المعلم:
«إنني لا أقول قط أن الآخرين تلاميذي. الله هو المعلم الأعظم وكلنا تلاميذه.»

❖ ❖ ❖

استنكر أحد الطلاب حقيقة أن التقارير عن الشر في العالم عادة ما تتصدر الصحف
فقال المعلم «الشر ينتشر مع الريح أما الحقيقة فقادرة على السير بعكس اتجاه الريح.»

• • •

كثيرون كانوا فضوليين لمعرفة عمر المعلم، فكان يضحك ويقول:

«ليس لي عمر. فأنا وُجدتُ قبل وجود الذرات وقبل ظهور فجر الخليقة.»

وكان ينصح التلاميذ قائلا:

«أكّدوا وقولوا لأنفسكم هذه الحقيقة: 'أنا المحيط اللانهائي الذي يتعدد بالأمواج. أنا أزليٌّ أنا خالد. أنا روح.'»

• • •

سأل برمهنساجي تلميذاً: «ما الذي يمنع الأرض من الخروج من مدارها؟» فأجاب الشاب:

«قوة الجاذبية المركزية أو جاذبية الشمس يا سيدي، والتي تمنع الأرض من الضياع في الفضاء الخارجي.»

واستطرد المعلم قائلاً: «إذاً ما الذي يمنع الأرض من الانجذاب بالكامل إلى الشمس؟»

أجاب التلميذ: «قوة الطرد المركزي في الأرض، يا سيدي، والتي من خلالها تحتفظ بمسافة معينة من الشمس.»

ابتسم المعلم ابتسامة ذات معنى. فيما بعد أدرك المريد أن برمهنساجي تحدّث من قبيل المجاز عن الله باعتباره الشمس الجاذبة، وأن الإنسان الأناني هو الأرض التي «تحتفظ بالمسافة.»

• • •

قال المعلم لتلميذ كان يحاول معرفة ماهية الله بواسطة التحليل العقلي:

«لا تظن أن بمقدورك إدراك الله اللانهائي عن طريق

العقل. فالعقل لا يمكنه سوى معرفة قانون السبب والنتيجة الذي يسري على العوالم المظهرية، لكنه عاجز عن استيعاب الحقيقة الفائقة وطبيعة المطلق اللانهائي الذي ليس لوجوده سبب. إن أسمى ملكات الإنسان هي بصيرة الروح أو الحدس وليس العقل. فإدراك المعرفة يحصل مباشرة وتلقائيا من الروح وليس عن طريق العقل غير المعصوم أو الحواس القابلة للخطأ.»

◆ ◆ ◆

قال المعلم وهو يحسم خلافاً بين تلميذين: «للبشر عدو حقيقي واحد — إنه الجهل. فلنعمل معاً من أجل القضاء عليه، مساندين ومشجعين بعضنا البعض على طول الدرب.»

◆ ◆ ◆

سأل رجلٌ: «كيف يقدر الله المطلق والمحتجب أن يظهر للمتعبد بصورة مرئية*؟»

فأجاب المعلم:

«إن شككتَ فلن ترى، ومتى رأيتَ لن تشكْ!»

◆ ◆ ◆

قال تلميذٌ متأسفاً: «لكنني ما كنت أعرف يا سيدي أن كلامي سيتسبب بإحراج وإزعاج فلان». فأجاب المعلم:

«إذا خرقنا قانوناً عن غير علم أو سبّبنا الأذى لشخص ما ولو عن غير قصد نكون مع ذلك قد ارتكبنا إساءة. الأنانية تضلّلنا. القديسون لا يتصرفون دون حكمة أو تبصّر لأنهم هجروا الذات الصغيرة (الأنا) وعثروا على كيانهم الحقيقي في الله.»

* انظر الأم الإلهية في المسرد

•••

أبدى أحد التلاميذ اشمئزازاً من إنسان كانت قد تناقلت الصحف أنباء جرائمه، فقال المعلم:
«إنني أتأسف على إنسان مريض. فلماذا أكره شخصاً وقع في حبائل الشر. فعلاً إنه مريض.»

•••

قال المعلم: «عندما تتهدم جدران السدّ أو الخزّان تتدفق المياه في كل اتجاه. وبالمثل، عند إزالة حواجز القلق* والأوهام بالتأمل يتمدد وعي الإنسان إلى اللانهاية ويذوب في الروح الكلي.»

•••

سأل تلميذٌ: «لماذا يمنحنا الله أقرباء إن كان لا يريدنا أن نحبهم أكثر من أشخاص آخرين؟»
فأجاب المعلم: «الله يضعنا ضمن عائلات كي يمنحنا الفرصة للتحرر من الأنانية ولكي يجعل من السهل علينا التفكير في الآخرين. وفي الصداقات يتيح لنا توسيع حدود تعاطفنا بدرجة أكبر. ولكن تلك ليست النهاية. إذ يجب علينا أن نستمر في تمديد آفاق محبتنا حتى تصبح مقدّسة تشمل كل الكائنات في كل مكان. وإلا فكيف يتسنى لنا بلوغ الوحدة مع الله أب الجميع؟»

•••

لقد عبّر المعلم تعبيراً مثيراً للمشاعر عن حب الله الصبور

---

* انظر التنفس في المسرد

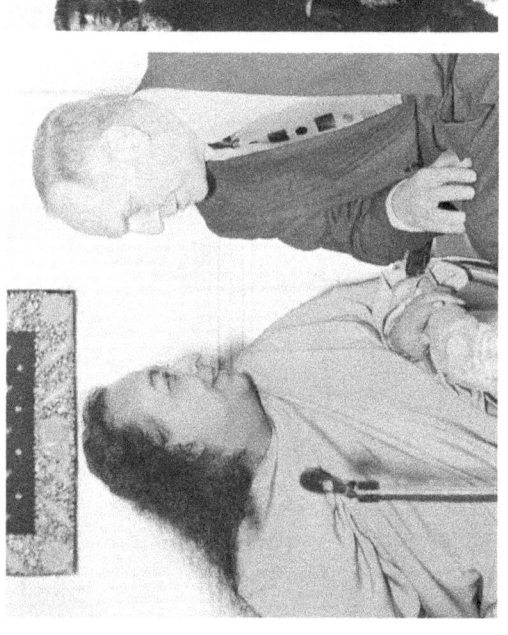

برمهنساجي مع الضيفين أمالا وعدي شانكر، وهما من رواد الفن الهندوسي الكلاسيكي المميزين، مع فرقتهما الموسيقية، في مركز صومعة Self-Realization ، إنسينيتاس، كاليفورنيا، ١٩٥٠

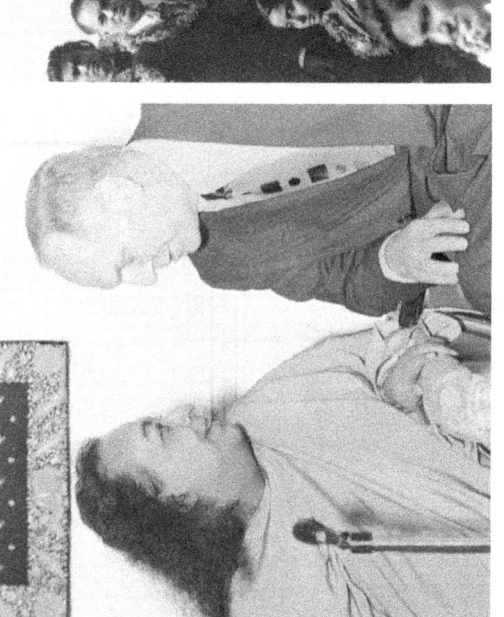

شري يوغانندا والنائب السابق لحاكم ولاية كاليفورنيا غودوين جيه. نايت، الذي شارك في تدشين قاعة الهند في مركز صومعة Self-Realization في هوليوود، ١٩٥١

عندما قال: «في أحد مظاهره، وهو مظهر مؤثر جدًا، يمكن أن يُقال إن الرب هو ملتمِسٌ، يتوق ويتشوق لاهتمامنا. أجل، سيد الكون الذي ترتجف كل النجوم والشموس والأقمار والكواكب من نظرته، يجري وراء الإنسان ويقول: 'هلّا منحتي مودتك؟ ألا تحبني أنا المانح أكثر من الأشياء التي صنعتها لك؟ ألا تبحث عني؟'»

«لكن الإنسان يقول: 'أنا مشغول جدًا الآن، ولديّ عمل يجب القيام به. لا يمكنني أن أخصص الوقت للبحث عنك.'»

«فيقول الرب: 'إذاً سأنتظر.'»

* * *

ألقى المعلم محاضرة عن الخليقة وأوضح الغاية التي من أجلها بدأها الله. وبعد ذلك وجّه التلاميذ العديد من الأسئلة له فضحك وقال:

«هذه الحياة رواية رائعة والمؤلف هو الله نفسه. والإنسان سيفقد عقله إن حاول فهمها عن طريق العقل فقط. ذلك أطلب منكم أن تتأملوا أكثر. وسّعوا وعاء إدراككم الحدسي العجيب وعندها ستتمكنون من استيعاب محيط الحكمة غير المحدود.»

* * *

قال أحد الزوار: «أعلمُ أن لديك نوعين من الأعضاء — أولئك الذين يعيشون في العالم، ونُسّاك يعيشون في الصومعة، فأي نوع يتبع الطريق الأفضل؟»

أجاب المعلم: «بعض الأشخاص يحبون الله بعمق بحيث لا يهم شيء آخر. إنهم يتبعون طريق النسك ويعملون هنا من أجل الرب فقط. والذين يتعين عليهم العمل في العالم لإعالة أنفسهم وعائلاتهم غير محرومين من التواصل المقدس. عادة ما يلزمهم

وقت أطول للعثور على الله، وهذا كل ما في الأمر.»

◆ ◆ ◆

راح أحدهم يندب حظه لمعاكسة الظروف له ويقول: «يبدو أنني لا أنجح في أي عمل أقوم به، فلا بد أن ذلك مردّه كارماي [نتائج أعمالي السيئة السابقة].»

فأجاب المعلم: «إذاً عليك أن تبذل مجهوداً أكبر. انسَ الماضي وامتلك ثقة أكبر بالله. إن مصيرنا غير مقدّر علينا من الله. وليس الكارما العامل الأوحد، مع أن حياتنا تتأثر بأفكارنا وأفعالنا السابقة. إن كنتَ غير راضٍ عن كيفية سير الحياة فينبغي تغيير النمط. إنني لا أحب أنً أسمع الناس يتأوهون ويَعزون فشلهم الحاضر إلى أخطاء الحياة الماضية لأن ذلك نوع من الخمول الروحي. شمّر عن ساعد الجد واقتلع الأعشاب والحشائش الضارة من بستان حياتك.»

◆ ◆ ◆

استعلم تلميذ: «لماذا لا يعاقب الله أولئك الذين يجدّفون على اسمه»؟ فأجاب المعلم:

«إن الله لا يتأثر بالصلوات والعبادات غير المخلصة ولا بالتمجيد غير الصادق أو بالانفعالات الإلحادية العمياء. لكنه يستجيب للإنسان فقط من خلال قانون محدد. إن ضربتَ حجراً بقوة بمفاصل أصابعك أو شربت حمض الكبريتيك ستتحمل العواقب. وبالمثل، إذا تجاوزت قوانين الحياة التي وضعها الله ستجلب لنفسك المعاناة. فكّر باستقامة وتصرّف بكرامة وستشعر بالسلام. حب الله محبة خالصة دون شروط وسيأتي إليك!»

◆ ◆ ◆

قال برمهنساجي: «أعظم إنسان هو الذي يعتبر نفسه أقل من الجميع، كما علّم السيد المسيح. القائد الحقيقي هو الذي تعلّم أولاً إطاعة الآخرين ويشعر بأنه خادم الكل ولا يشمخ على الآخرين. الذين يريدون التملق والمديح لا يستحقون تكريمنا. ولكن من يخدمنا له الحق بمحبتنا. أليس الله خادم بنيه البشر! وهل يطلب منهم الثناء والتمجيد؟ لا، لأنه أعظم بما لا يقاس من أن يتأثر بذلك.».

❖❖❖

كان المعلم ينصح أساتذة Self-Realization حول طريقة تحضير الخطب والمحاضرات، قال:

«أولاً تأمّلوا بعمق ثم فكّروا بموضوع محاضرتكم، محتفظين بشعور السلام الذي يصاحب التأمل. دوّنوا أفكاركم على الورق واذكروا قصة أو اثنتين طريفتين لأن الناس يحبون الضحك. ثم اختتموا المحاضرة مستشهدين بفقرة من دروس SRF* أخيراً ضعوا ملاحظاتكم جانباً وانسوا الموضوع. وقبل أن تلقوا محاضرتكم اطلبوا من الروح الإلهي كي ينساب من خلال كلامكم، وبهذه الطريقة ستحصلون على إلهامات ليس من الأنا، بل من الله.».

❖❖❖

قالت إحدى السيدات للمعلم أنه بالرغم من حضورها المنتظم لمحاضراته التي يلقيها في المعبد فإنها لم تشعر باقترابها من الله، فأجاب برمهنساجي:

«إن قلتُ لكِ إن فاكهة معيّنة لها لون خاص وأنها حلوة

---

* انظر المسرد

المذاق، وأخبرتك كيف تنمو فستعرفين فقط المعلومات غير الجوهرية عنها. ولكن لمعرفة نكهتها المميزة عليكِ أن تذوقينها بنفسكِ. وبالمثل، إذا رغبتِ بالتعرف على الحقيقة يجب أن تختبري الحقيقة بنفسكِ.»

ثم أضاف: «يمكنني تشويقك للثمرة الإلهية، ولكن لماذا لا تكلفين نفسك عناء قضمها؟»

❖ ❖ ❖

قال المعلم: «كلنا أمواج على صدر المحيط اللانهائي. البحر لا يحتاج وجوده إلى الموج، ولكن لا وجود للموج بدون البحر. وبالمثل، يمكن للروح الإلهي أن يوجد بدون الإنسان، لكن لا يمكن للإنسان أن يوجد بدون الروح الإلهي.»

❖ ❖ ❖

كان أحد المريدين يناضل للتغلب على نقاط ضعفه إنما دون نجاح يذكر. فقال له المعلم:

«لا أطلب منك في الوقت الحاضر التغلب على [إغراءات وأوهام الخداع] مايا، بل كل ما أطلبه هو أن تقاوم [تلك الأوهام والمغريات.]»

❖ ❖ ❖

قال المعلم لتلميذ حديث متشوق للإفلات من تجارب الحياة:

«سيبقيك الطبيب الإلهي في مستشفى الوهم الأرضي إلى أن تشفى من مرض الرغبات المادية. بعد ذلك سيسمح لك بالعودة إلى البيت السماوي.»

❖ ❖ ❖

أثناء إلقاء محاضرة في الساحل الشرقي، التقى المعلم برجل أعمال بارز. وفي سياق حديثهما، قال الرجل: «إنني معافىً وثريٌ لدرجة التخمة.»

فأجاب المعلم: «ولكنك لستَ متخماً بالسعادة، أليس كذلك»؟

فأدرك الرجل ما رمى إليه المعلم وأصبح تلميذاً مخلصاً لتعاليم كريا يوغا التي كان برمهنساجي يعلّمها.

❊❊❊

في إشارة إلى الفقرة الإنجيلية: «هأنذا واقفٌ على الباب وأقرع. إن سمع أحد صوتي وفتح الباب أدخل اليه وأتعشى معه وهو معي»*، قال المعلم:

«المسيح يحاول الدخول من أبواب قلوبكم، لكنكم أقفلتموها باللامبالاة.»

❊❊❊

أبدى رجلٌ بعد مطالعته كتاب مذكرات يوغي الملاحظة التالية: «سيدي، حسن أن تنشر تعاليمك في أمريكا في هذا الوقت. فبعد انقضاء حربين عالميتين، أصبح الناس أكثر تقبّلا لرسالتك الروحية.» فأجاب المعلم:

«هذا صحيح، فلو عُرضت عليهم هذه التعاليم قبل خمسين عاماً لما أبدوا اهتماماً بها. 'لكل شيء زمان ولكل أمر تحت السموات وقت.'»**

❊❊❊

---

* رؤيا ٣: ٢٠
** سفر الجامعة ٣: ١

لاحظ المعلم أن بعض المريدين قد أصبحوا منهمكين بالعمل بسبب النمو السريع والمتزايد لـ Self-Realization Fellowship، المؤسسة التي أوجدها المعلم، فنبههم قائلاً:
«يجب ألّا يصدّكم العمل عن الترنيم لله بصمت: 'أنتَ ليَ وأنا لكَ.'»

•••

لاحظ المعلم أن أحد التلاميذ خيّم عليه الحزن فقال له بلطف:
«عندما تخترق شوكة البؤس قلبك، أخرجها بشوكة التأمل».

•••

قال المعلم أثناء كلمة ترحيبية وجيزة احتفاءً بوافد جديد إلى مركز ماونت واشنطن: «هذا الطريق ليس للكسول المتهامل، فالخامل المتواكل لا يمكنه العثور على الله الذي هو العامل الإلهي الجبار في الخليقة! وهو لا يساعد الذين يظنون أنه ينبغي عليه القيام بكل العمل من أجلهم، لكنه يمد يد العون في الخفاء لأولئك الذين ينجزون واجباتهم بابتهاج وذكاء، ولسان حالهم يقول: 'إلهي، إنك أنت الذي تعمل وتبدع من خلال عقلي ويديّ.'»

•••

اشتكى أحد التلاميذ من أن أشغاله الكثيرة تمنعه من التأمل. فقال المعلم باقتضاب:
«وماذا لو كانت أعمال الله كثيرة لدرجة تمنعه من الاهتمام بك؟»

•••

قال المعلم: «إن الجسم البشري هو فكرة مقدسة في عقل الله. فهو خلقنا من أشعة نوره* الخالد، ووضعنا في مصباح جسدي. لقد ركّزنا اهتمامنا على هشاشة ووهن المصباح وليس على قوة الحياة الأبدية داخل المصباح.»

❖ ❖ ❖

جادل أحد التلاميذ قائلا: «يبدو الله بالنسبة لي غامضاً وبعيد المنال.» فقال المعلم:

«إن الله يبدو نائياً لأن انتباهك موجّه نحو خليقته وليس للباطن نحوه. فكلما شرد عقلك وهامَ في متاهات الأفكار الدنيوية الكثيرة، عُد به بأناة للتفكّر بالله الذي يسكن أعماقك، وسيحين الوقت الذي به تجده معك على الدوام — إلهاً يتكلم معك بلغتك، ويطلّ بوجهه عليك من كل زهرة وريحانة ونبتة نحيلة.»

«وعندها ستهتف: 'إنني حرٌّ طليق ومحاطٌ بأشعة الروح. أطير من الأرض إلى السماء على أجنحة النور' ويا له من سرور عظيم سيغمر كيانك!»

❖ ❖ ❖

وجّه أحد التلاميذ السؤال التالي إلى برمهنساجي: «هل تستطيع معرفة مدى التقدم الروحي لشخص ما بمجرد النظر إليه؟»

فأجاب المعلم بهدوء: «على الفور. إنني أرى الجانب الخفي من الناس لأن تلك هي مهمتي في الحياة. ولكنني لا أتحدث عن مكتشفاتي. إن الذي يقول بتفاخر أنه يعلم لا يعلم. وأما الذي

* «فإن كانت عينك وحيدة فجسدك كله يكون نيّرا»
«If therefore thine eye be single, thy whole body shall be full of light»
(متى ٦: ٢٢)

يعرف، لأنه يعرف الله، فيظل ساكتاً.»

* * *

قال المعلم لتلميذة ألّحت عليه باستمرار كي يمنحها الوعي الإلهي مع أنها لم تفعل شيئاً للتحضير لتلك الحالة:

«المحب الحقيقي لله يستطيع أن يلهم إخوته وأخواته المتقاعسين كي يعودوا إلى بيتهم السماوي، ولكن عليهم أن يقوموا بأنفسهم بالرحلة الفعلية، خطوة خطوة.»

* * *

كل عام، في اليوم السابق لعيد الميلاد، كان التلاميذ يجتمعون مع المعلم في مركز ماونت واشنطن للتأمل. وعادة ما تستمر الجلسة المقدسة طوال اليوم وحتى ساعات المساء. خلال التأمل في عيد الميلاد عام ١٩٤٨، ظهرت الأم الإلهية للمعلم، وسمعه التلاميذ المنذهلون يتحدث إليها. وصاح مرات عديدة، بتنهيدة عميقة:

«يا إلهي، ما أروع حسنكِ!»

وأخبر برمهنساجي العديد من المريدين الحاضرين أمنياتها فيما يتعلق بحياتهم. وفجأة نادى بأعلى صوته:

«لا تذهبي! تقولين إن الرغبات المادية اللاشعورية لهؤلاء الأشخاص تدفعك بعيداً؟ عودي، أرجوكِ عودي!»

* * *

قال أحد التلاميذ: «يا معلم لم أتمكن قط من الاعتقاد بوجود الجنة. فهل هناك حقاً مكان كهذا؟»

فأجاب برمهنساجي: «نعم. فالذين يحبون الله ويثقون به يذهبون إلى ذلك الفردوس عندما توافيهم المنية. في ذلك العالم

الكوكبي* يمتلك الشخص القدرة على تجسيد أي شيء يريده على الفور بمجرد التفكير به. الجسم الكوكبي مركّب من النور المشع. وفي تلك الأقطار توجد أصوات وأنوار لا يعرف سكان الأرض عنها شيئاً. إنه عالمٌ جميل وممتع، ومع ذلك فإن اختبارات الجنة ليست أسمى حالة يمكن بلوغها. فالإنسان يبلغ الغبطة المطلقة عندما يتخطى العوالم المظهرية ويدرك أنه الروح المطلق وواحد مع الله.»

❊ ❊ ❊

قال المعلم: «إن الألماسة وقطعة الفحم الموضوعتين جنباً إلى جنب تحصلان على نفس المقدار من أشعة الشمس، ولكن ما لم تصبح الفحمة ألماسة بيضاء وصافية فلن تقدر أن تعكس ضوء الشمس. وبالمثل لا يمكن مقارنة الإنسان العادي المظلم روحياً بجمال المريد النقي الذي بمقدوره إظهار نور الله من خلاله.»

❊ ❊ ❊

قال المعلم لمجموعة من التلاميذ «كُفُّوا عن القيل والقال ونشر الشائعات، فالكذبة التي يمر عليها أربع وعشرون ساعة تبدو أحياناً وكأنها خالدة.

«ذات مرة عاش رجل في الصومعة وكان غالباً ما يطلق أكاذيب عن الآخرين. في أحد الأيام بدأ شائعة لا أساس لها من الصحة عن أحد الفتيان. وعندما سمعتُ بها، همست لعدد قليل من الأشخاص قصة غير مؤذية، ولكنها غير واقعية عن الرجل.

«فجاءَ إلي وقال بسخط: 'اسمع ما يقوله الجميع هنا عني!' أصغيت له بأدب، وعندما انتهى قلت:

---

* انظر العوالم الكوكبية في المسرد

«'ذلك لا يعجبك، أليس كذلك؟'

«قال: 'بالطبع لا يعجبني!'

«قلت: 'الآن تعرف كيف شعر الفتى عندما كان الآخرون يكررون الكذبة التي ابتدعتها أنت عنه.' شعر الرجل بالخجل، فاستطردت: 'أنا أول من نشر هذه القصة عنك. لقد فعلتُ ذلك لأعلّمك درساً في تقدير للآخرين — درساً لم تقدر أن تتعلمه بأي طريقة أخرى.'»

• • •

قال المعلم لمجموعة من التلاميذ: «يجب أن تتعمقوا في التأمل لأنه عندما تسمحوا لأنفسكم بأن تصبحوا قلقين مشوشي الفكر تعاودكم المتاعب القديمة وتتيقظ بكم الرغبات المتعلقة بالجنس والخمر والمال.»

• • •

أبدى أحد التلاميذ الملاحظة التالية: «يبدو أن الإنسان لا يمتلك قسطاً كبيراً من حرية الإرادة، فحياتي متشعبة الاتجاهات، متعددة الميول.»

فأجاب المعلم: «تقرّب من الله وستجد أنك تحطم سلاسل العادات وقيود البيئة. ومع أن دراما الحياة محكومة بخطة كونية، ما زال باستطاعة الإنسان تبديل دوره من خلال تغيير محور وعيه. النفس المرتبطة بالأنا هي مقيدة والنفس المحققة ذاتها مع الروح حرة طليقة.»

• • •

قال أحد زائري مركز ماونت واشنطن لبرمهنساجي: «إنني أعتقد بوجود الله ولكنه لا يساعدني.»

فأجاب المعلم: «الاعتقاد بالله والإيمان به أمران مختلفان. لا قيمة للاعتقاد ما لم تختبره وتعشه في حياتك. عندما يتحول الاعتقاد إلى اختبار يصبح إيماناً. ولهذا يقول النبي ملاخي: 'جرّبوني بهذا قال رب الجنود إن كنت لا أفتح لكم كوى السماوات وأفيض عليكم بركة حتى لا توسع.'»*

❖ ❖ ❖

اقترفت إحدى التلميذات خطأً جسيماً، فتأسفت وقالت: لقد عملتُ دوماً على تنمية العادات الطيبة، ولم أتصور أن مثل هذا الحظ السيء سيحدث لي.»

فقال المعلم: «غلطتك كانت نتيجة اعتمادك الكبير على عاداتك الطيبة وإغفالك تمرين الحكم الصائب. عاداتك الطيبة تساعدك في الظروف العادية والمألوفة، لكنها قد لا تكفي لتوجيهك عند حدوث المشاكل حيث تمس الحاجة للقدرة على التمييز. بالتأمل العميق ستتمكنين دوماً من اختيار المسار الصحيح في كل شيء، حتى لو واجهتك ظروف غير عادية».

ثم أضاف: «الإنسان ليس آلة ذاتية الحركة، ولذلك لا يمكنه دوماً أن يحيا بحكمة بمجرد اتباعه مجموعة من القواعد الأدبية الصارمة. ووسط الكم الكبير من المشاكل والأحداث المتعددة نجد مجالاً لتنمية التمييز السليم والحكم الصائب.»

❖ ❖ ❖

في أحد الأيام، أنّبَ برمهنساجي راهباً لسوء التصرف. فقال التلميذ متسائلاً: «لكنك ستسامحني يا سيدي، أليس كذلك؟»

فقال المعلم: «حسناً، وماذا يمكنني أن أفعل غير ذلك؟»

* ملاخي ٣: ١٠

◆ ◆ ◆

كانت مجموعة كبيرة من التلميذات، من مختلف الأعمار، يستمتعن بنزهة مع المعلم على أرض مركز صومعة Self-Realization في إنسينيتاس، المطلّة على المحيط الهادئ، فقال برمهنساجي:

«إن هذا لأفضل بكثير من إضاعة الوقت في اللهو والتسليات كما يفعل الدنيويون الذين لا يعرفون الهدوء والطمأنينة. إن كل واحدة منكن تصبح غنية بالسلام والسعادة. الله يريد أن يعيش أبناؤه ببساطة وأن يرضوا بالمتع البريئة.»

◆ ◆ ◆

قال المعلم: «لا تشغلوا أنفسكم بعيوب الآخرين. استعملوا مسحوق الحكمة المنظّف لإبقاء حجرات عقلكم نقية طاهرة. فبنموذج حياتكم ستلهمون الآخرين كي يقوموا بتنظيف بيوتهم النفسية.»

◆ ◆ ◆

تلميذان غضبا من أخ لهما بدون مبرر ورفعا شكواهما إلى المعلم، فأصغى المعلم بصمت، وعندما انتهيا قال لهما:

«عليكما بتغيير نفسيكما.»

◆ ◆ ◆

قال المعلم لإحدى الأمهات: «درّبي إرادة أطفالك في الاتجاه الصحيح، بعيداً عن الأنانية وما تسببه من تعاسة وشقاء. لا تكبّلي حريتهم ولا تعترضيهم بشكل غير ضروري. قدّمي اقتراحاتك لهم بمحبة وتفهّم لأهمية رغباتهم الصغيرة بالنسبة لهم. فإن

عاقبتِهم بدلاً من التفاهم معهم فستخسرين ثقتهم بك. إذا كان أحد الأطفال عنيداً اشرحي له وجهة نظرك مرة واحدة ولا تقولي شيئا بعد ذلك. دعيه يحصل على لطماته الصغيرة القاسية، فإنها ستعلمه التعقّل والتمييز بكيفية أسرع وأكثر فعالية من أي مشورة أو نصيحة.»

[وفي تدريب أسرته الروحية من التلاميذ، اتبع برمهنساجي نفس المشورة، إذ لقد ساعد "الأطفال" من جميع الأعمار على تنمية إرادتهم بالطريقة الصحيحة. فكان يقدّم اقتراحاته بمحبة وفهم كامل لاحتياجات وطبيعة كل مريد. إنه نادراً ما كان يعاتب الشخص مرتين، بل كان يشير مرة واحدة إلى بعض نقاط الضعف في أحد التلاميذ ثم يلتزم الصمت حيال ذلك.]

❖ ❖ ❖

قال المعلم: «من الصعب أن تمروا بقرب وردة عذبة الأريج أو ظربان نتن دون أن تتأثروا برائحتهما. لذلك من الأفضل لكم أن تخالطوا الورود البشرية فقط.»

❖ ❖ ❖

تحدّث أحدهم مع برمهنساجي لأول مرة ومما قاله: «إنني أحب تعاليمك، لكن هل تؤمن بالسيد المسيح وتتبع تعاليمه؟»
فأجاب المعلم:
«ألم يقل لنا المسيح: 'ليس كل من يقول لي :يا رب، يا رب! يدخل ملكوت السماوات، بل الذي يفعل إرادة أبي الذي في السماوات'؟*»
«إن مصطلح وثني في الكتاب المقدس يعني عابد أوثان:

---

* متى ٧: ٢١

برمهنسا يوغاناندا يلقي كلمة في حفل تدشين مزار البحيرة ونصب غاندي العالمي للسلام بمركز Self-Realization Fellowship ١٩٥٠ في باسيفيك باليسيد، كاليفورنيا.

أي الشخص الذي لا يركّز اهتمامه على الرب، بل على مغريات العالم. قد يذهب الشخص المادي إلى الكنيسة يوم الأحد ويظل مع ذلك وثنياً. والشخص الذي يُبقي مصباح تذكّر الآب السماوي مضيئاً على الدوام ويمتثل لتعاليم السيد المسيح فهو مسيحي.»
ثم أضاف: «الأمر متروك لك لتقرير ما إذا كنت أؤمن بالمسيح وأتبع تعاليمه.»

⁂

قال المعلم لتلميذ متحمّس ويبذل قصارى جهده لإتقان عمله: «أرأيتَ كم هو رائع العمل من أجل الله! إن الإحساس بالأنانية أو الأثرة في داخلنا هو امتحان لنا. فهل سنعمل بحكمة من أجل الآب السماوي أو بحماقة من أجل أنفسنا؟

«عندما ننجز أعمالنا بحالة نفسية صحيحة وفهمٍ صائب سندرك أن الله هو العامل الأوحد في الوجود. وهذا يعني أن كل القوى [البنّاءة] هي مقدّسة وتنساب من الجوهر الفرد: الله.»

⁂

قال المعلم: «الحياة هي حلم إلهي كبير.»

فاستعلم تلميذٌ: «إذا كانت مجرد حلم فلماذا الألم حقيقي؟»

فأجاب برمهنساجي: «إن ارتطام رأس حلمي بجدار حلميّ يتسبب بألم حلمي. الحالم لا يدرك أن مادة الحلم هي عبارة عن هلوسة. وبالمثل لن يفهم الإنسان الطبيعة الوهمية للخليقة، التي في الأساس هي حلم، حتى يستيقظ في الله.»

⁂

قال المعلم [للتلاميذ] مشدّداً على الحاجة إلى حياة متوازنة بين العمل والتأمّل:

«عندما تعملون من أجل الله وليس (الأنا) يكون عملكم جيداً كالتأمل. عندئذٍ يساعد العمل تأملكم ويساعد التأمل عملكم. تحتاجون إلى الاتزان، لأنكم بالتأمل فقط تصبحون خاملين، وبالعمل فقط يصبح الفكر دنيوياً وتنسون الله.»

• • •

قال زائرٌ: «جميل أن نفكر بأن الله يحبنا جميعاً بالتساوي، ولكن يبدو أنه ليس عدلاً أن يهتم بالخاطئ اهتمامه بالقديس.»
فأجاب المعلم: «وهل ترخص قيمة الجوهرة إن غطّتها طبقة من الطين؟ إن الله يبصر جمال نفوسنا الذي لا يتغير ويعلم بأننا لسنا أخطاءنا.»

• • •

قال المعلم:
«يوجد العديد ممن يقاومون التقدم، مفضلين الأزياء الفكرية والعملية المهلهلة البالية. وأنا أدعو هؤلاء 'دقة قديمة أو من الطراز العتيق.' فلا تكونوا مثلهم لئلا تقول الملائكة عند وفاتكم: 'ها قد أتانا طراز عتيق! فهلم نعيده إلى الأرض.'*»

• • •

سأل رجلٌ: «ما الفرق بين الشخص الدنيوي والشخص الشرير؟»
فأجاب المعلم: «معظم الناس دنيويون والقليل منهم أشرار. كلمة (دنيوي) تعني الحماقة والاهتمام بالأمور الزهيدة والابتعاد

---

* انظر العودة إلى التجسد في المسرد

عن الله. أما كلمة (شرير) فتعني ابتعاد المرء عن الله وإدارة ظهره له عمداً، ولا يفعل ذلك كثيرون.»

•••

تلميذٌ حديث ظن أن باستطاعته استيعاب تعاليم المعلم عن طريق الدراسة العميقة فقط، دون الحاجة إلى ممارسة التأمل، فقال له برمهنساجي:
«إدراك الحقيقة يجب أن تكون نمواً داخلياً وليس تطعيماً خارجياً.»

•••

قال المعلم للمريدين: «لا تتحسّروا إن لم تبصروا أنواراً وصوراً في التأمل. تعمّقوا حتى تختبروا الشعور بالغبطة، وهناك ستلمسون حضور الله الفعلي. لا تطلبوا الجزء، بل الكل.»

•••

تلميذٌ كان قد كرّسه المعلم في الكريا يوغا، قال لتلميذ آخر:
«إنني لا أمارس الكريا يومياً، بل أحاول فقط استعادة ذكرى الفرح الذي غمرني عندما طبقت الطريقة لأول مرة.»
وعندما سمع برمهنساجي القصة ضحك وقال:
«إنه كالجائع الذي يرفض الطعام قائلاً: 'لا، شكراً. فأنا أحاول الاحتفاظ بإحساس الشبع الذي حصلت عليه من وجبة طعام تناولتها الأسبوع الفائت.'»

•••

قالت إحدى التلميذات: «يا معلم، إنني أحب الجميع.»

فأجاب برمهنساجي: «يجب أن تحبي الله فقط.»
وقابلت التلميذة المعلم بعد ذلك بأسابيع فسألها:
«هل تحبين الآخرين؟»
أجابت: «بل أحتفظ بحبي لله فقط.»
فقال المعلم: «يجب أن تحبي الكل بنفس ذلك الحب.»
فقالت التلميذة المتحيرة: «ماذا تعني يا سيدي؟ قلتَ أولاً أنه من الخطأ محبة الجميع والآن تقول من الخطأ استثناء أحد من تلك المحبة.»
فقال المعلم موضحاً:
«إنكِ منجذبة لشخصيات الناس مما يقود إلى تعلّقات مقيّدة. ولكن عندما تحبين الله محبة حقيقية ستبصرينه في كل وجه وستدركين معنى محبة الجميع. يجب ألا نعشق الأشكال والأشخاص، بل الله الساكن في كل شخص. فهو الوحيد الذي يمنح الحياة والحسن والفردية لمخلوقاته.»

• • •

أعرب أحد التلاميذ عن رغبته في إرضاء المعلم، فأجاب برمهنساجي:
«إن سعادتي تكمن في معرفتي بأنك سعيد في الله. فاعتصم به واجعله مركز حياتك.»

• • •

قال تلميذٌ: «إن رغبتي في الله قوية جداً.» فأجاب المعلم:
«إن أعظم نعمة هي أن تشعر بأن الله يجذب قلبك إليه. وهو بذلك يقول لك: 'لقد لعبتَ لفترة طويلة بدمى خليقتي. الآن أريدك أن تكون معي. عُد إلى البيت!'»

• • •

كان بعض رهبان وراهبات Self-Realization يناقشون مع برمهنساجي المزايا النسبية لارتداء الزي الرهباني كوسيلة للمساعدة في البحث عن الله. فقال المعلم:

«ما يهم ليس ثيابكم، بل حالتكم النفسية. اجعلوا قلوبكم صومعة ورداءكم محبة الله.»

٠٠٠

قال المعلم في معرض حديثه عن الرفقة السيئة:
«إن تقشير الثوم ولمس البيض الفاسد يتركان على اليدين رائحة كريهة يلزمها الكثير من الغسيل لإزالتها.»

٠٠٠

قال المعلم: «ما دمنا غارقين في وعي الجسد فإننا كالغرباء في بلد غريب. موطننا الأصلي هو الوجود الكلي.»

٠٠٠

كان رهطٌ من التلاميذ يتحدثون مع المعلم على أرض صومعة إنسينيتاس المطلّة على المحيط الهادئ، وكان الجو ضبابياً مكفهراً. فقال أحدهم: «يا له من جو شديد البرودة والقتامة»! فقال المعلم:

«إنه يشبه الجو الذي يكتنف الشخص المادي المحتضر. فهو يغادر هذا العالم إلى ما يبدو له ضباباً كثيفاً بحيث لا يمكنه رؤية أي شيء بوضوح. ولوقت ما يشعر بأنه ضائع وتستولي عليه الرهبة. بعد ذلك، إما أن ينتقل إلى عالم كوكبي مضيء بحسب استحقاقاته الكارمية كي يتعلم دروساً روحية، أو قد يغط في غيبوبة إلى أن يحين موعد تجسّده ثانية على الأرض.

«أما وعي المريد الذي يحب الله فلا يرتبك وقت الانتقال من

هذا العالم إلى الآخر. وبدون عناء يدخل أحد عوالم النور والحب والفرح.»

• • •

قال المعلم:
«معظم الناس غارقون في الدنيويات وإن فكروا في الله على الإطلاق فلكيّ يسألونه أن يمنحهم المال أو الصحة. إنهم نادراً ما يبتهلون من أجل أسمى هِبة: رؤية وجهه ولمسة يده التي تجلب الخير والبركة.
«الله يعلم مسار أفكارنا ولا يظهر ذاته لنا قبل أن نتخلى عن آخر رغبة دنيوية من أجله، وقبل أن يقول كل منا: 'يا أبتاه، اهدني واملك زمام أمري.'»

• • •

قال المعلم: «كيفما حرّكت البوصلة وفي أي اتجاه، ستشير إبرتها دوماً نحو الشمال. وهكذا هو الحال بالنسبة لليوغي الحقيقي. فقد يكون منهمكاً في العديد من الأنشطة الخارجية لكن عقله دوماً مع الله وقلبه ينشد على الدوام: 'يا إلهي، يا إلهي، يا أغلى من الجميع!'»

• • •

قال المعلم لمجموعة من التلاميذ: «لا تتوقعوا زهرة روحية كل يوم من حديقة حياتكم. ثقوا أن الله الذي سلّمتم له أنفسكم سيحقق أمانيكم في الوقت المناسب.»
«أما وقد زرعتم بذرة الأمل للتعرف على الله في تربة نفوسكم، اسقوها بالابتهال والأعمال الطيبة، واقتلعوا من حولها الأعشاب المتطفلة من شكوك وتذبذب وخمول. وعندما تنبت

المدركات المقدسة عليكم برعايتها بمحبة وإخلاص، وستبصرون ذات صباح زهرة معرفة الذات.»

* * *

كان برمهنساجي يلقي محاضرة أمام جماعة من التلاميذ. أحد المريدين بدا منتبهاً لكلماته لكنه سمح لأفكاره بالانحراف والشرود. وعندما حان وقت المغادرة وقول 'تصبحون على خير'، قال له برمهنساجي:

«الفكر كالحصان، ومن الأفضل لجمه خوفاً من الجموح.»

* * *

العديد من الرجال والنساء يجهلون الحقائق الروحية ويقاومون العون الذي يرغب الحكيم في تقديمه لهم. فهم يرفضون نصحه ويشككون بأقواله. وذات يوم قال برمهنساجي متنهداً:

«ما أبرع الناس في جهلهم!»

* * *

طالبٌ جديد متحمّس توقع أن يحصل بين عشية وضحاها، كما لو بفعل السحر، على نتائج. ولكن خاب أمله عندما لم يكتشف علامة واحدة تشير إلى وجود الله في داخله بعد أسبوع من التأمل، فقال له المعلم:

«إن لم تتمكن من العثور على اللؤلؤة في غوصة أو اثنتين، لا تلم المحيط بل طريقة غوصك. إنك لم تغص بعد بدرجة كافية».

* * *

قال المعلم: «بممارسة التأمل ستجد أنك تحمل فردوساً نقّالاً داخل قلبك.»

◆ ◆ ◆

كان المعلم أكثر الناس لطفاً ووداعة من نواحٍ عدة، لكنه كان متشدداً في بعض المناسبات. وإذ رأى أحد التلاميذ الجانب الليّن وحسب من برمهنساجي راح يهمل أداء واجباته فعنّفه المعلم بحدة. وإذ رأى علامات الدهشة بادية في عينيّ الشاب جرّاء هذا التأديب غير المتوقع، قال المعلم:
«عندما تنسى الهدف السامي الذي من أجله أتيتَ إلى هذا المكان أتذكّرُ واجبي الروحي لتصحيح عيوبك.»

◆ ◆ ◆

كان المعلم يشدد على ضرورة الإخلاص التام لله، وقال:
«الله لا يمكن رشوته بكثرة الجموع المحتشدة في أماكن العبادة ولا بالأموال والثروات التي تعود لأماكن العبادة، أو بطريقة إلقاء الخطب والمواعظ المُعدّة بترتيب وإتقان. الله يفتقد فقط هياكل القلوب التي طهّرتها دموع الإخلاص وأنارتها شموع المحبة.»

◆ ◆ ◆

اكتأب أحد التلاميذ لأن زملاءه المريدين بدا أنهم يحرزون تقدماً روحياً أكثر منه، فقال له المعلم:
«إنك تظل تنظر إلى الطبق الكبير [المليء بالطعام] بدلاً من صحنك الذي أمامك، مفكراً بالذي لم تحصل عليه بدل الاقتناع بحصتك التي أُعطيت لك.»

◆ ◆ ◆

كثيراً ما كان المعلم يقول أثناء التحدث عن أسرته الكبيرة من الباحثين عن الحقيقة:

«لقد أرسلت لي الأم الإلهية هذه النفوس كي أتذوق رحيق محبتها من كؤوس قلوبٍ عديدة.»

◆ ◆ ◆

كان أحد التلاميذ مهتماً برسالة المعلم، وكان يبتهج ابتهاجاً شديداً كلما كان الحضور كبيراً بشكل ملحوظ في معبد Self-Realization في هوليوود. لكن برمهنساجي قال:

«صاحب الدكان يلاحظ باهتمام عدد الزبائن الذين يأتون إلى دكانه، لكنني لا أفكر أبداً بنفس الطريقة حول معبدنا. و كما أقول دوماً، إنني أستمتع برؤية حشود المريدين الروحيين، لكنني أمنح مودّتي للجميع دون شروط، سواء أتوا إلى هنا أو لم يأتوا.»

◆ ◆ ◆

قال المعلم لتلميذ محبط:

«لا تكن سلبياً وإياك أن تقول بأنك لا تحرز تقدماً. فعندما تفكر قائلا: 'لا أستطيع العثور على الله'، تكون قد حكمت بذلك على نفسك، إذ لا يوجد شخص آخر يُبقي الله بعيداً عنك.»

◆ ◆ ◆

قال أحد المريدين: «يا معلم، قل لي ما هو الابتهال الذي يتعيّن عليّ استخدامه كي أجذب إليّ المحبوب الإلهي بسرعة فائقة؟» فأجاب برمهنساجي:

«امنح الله درر المناجاة المخبأة في أعماق منجم قلبك.»

◆ ◆ ◆

كان المعلم كريماً، يعطي دوماً كل ما أُعطي إليه، وذات مرة قال:
«إن مشاركة حكمتكم مع الآخرين، حتى يتمكنوا من مساعدة أنفسهم، أعظم من أي هدية مادية.»

◆ ◆ ◆

قال المعلم لتلميذ التمس معونته: «العادة السيئة يمكن تبديلها بسرعة. العادة هي نتيجة لتركيز الفكر. لقد كنتَ تفكر في اتجاه معين، ولكي تخلق عادة جديدة وجيدة، ما عليك إلا أن تركّز في الاتجاه المعاكس.»

◆ ◆ ◆

قال المعلم لمجموعة من التلاميذ: «عندما تعرفون كيف تكونون سعداء في الحاضر تكونون قد عثرتم على الطريق الصحيح إلى الله.»
فعلّق أحد المريدين: «إذاً قلائل هم الذين يعيشون في الحاضر.»
فأجاب برمهنساجي: «هذا صحيح. فمعظم الناس يعيشون في أفكار الماضي أو المستقبل.»

◆ ◆ ◆

واجَهَ أحد الطلاب العديد من خيبات الأمل وبدأ يفقد إيمانه بالله. فقال له المعلم:

«عندما تعنّفك الأم الإلهية بشدة فذلك هو الوقت الذي يجب أن تتشبث بقوة بتنورتها.»

* * *

قال المعلم لمجموعة من التلاميذ، مشيراً إلى شرور الثرثرة والقيل والقال:

لقد كان معلمي سري يوكتسوار يقول: «'لا أريد أن أسمع شيئاً لا يمكنني التحدث به للجميع.'»

* * *

قال المعلم: «لقد خلق الله الإنسان وخلق الوهم الكوني (مايا) أيضا. فحالات الخداع من غضب وجشع وأنانية، وما إلى ذلك، هو من ابتكرها وليس نحن. وهو المسؤول عن التخطيط لهذه الاختبارات على دروب الحياة.

«لقد كان أحد القديسين العظام يصلي هكذا: 'أبانا السماوي، ما طلبتُ منك أن تخلقني، ولكن ما دمت قد خلقتني أسألكَ أن تحررني وتطْلقني في روحك الإلهي.' فإن تحدثتم إلى الله بهذه الطريقة سيعيدكم إلى البيت السماوي.»

* * *

قال المعلم: «لا تتأثروا بمديح معارفكم الذين في الحقيقة لا يعرفونكم، بل اطلبوا معرفة رأي الأصدقاء الصادقين الذين يساعدونكم على تحسين أنفسكم ولا يتملقونكم أو يتغاضون عن أخطائكم. فالله هو الذي يهديكم ويسدد خطاكم من خلال إخلاص الأصدقاء الحقيقيين.»

* * *

اثنان من الطلاب أتيا معاً إلى مركز ماونت واشنطن للتدريب فأبدى المريدون الآخرون إعجاباً كبيراً بهما. لكن الطالبين غادرا بعد فترة قصيرة، فقال المعلم للمقيمين في الصومعة:

«لقد تأثرتم بسلوكهما، لكنني كنت أراقب أفكارهما. فمع أنهما اتّبعا ظاهرياً جميع القواعد إلا أن أفكارهما كانت مندفعة في كل اتجاه دون انضباط. السلوك الحسن لن يدوم طويلاً ما لم يستخدم المرء الوسائل الصحيحة لتنقية الفكر وتطهيره.»

❖ ❖ ❖

انجذب أحدهم كثيراً إلى برمهنساجي لكنه لم يتبع مشورته، فقال المعلم:

«لا يمكنني أن أزعل منه. فبالرغم من أغلاطه العديدة يبقى قلبه يحن إلى الله. ولو سمح لي لأخذت بيده بسرعة نحو البيت الإلهي. وعلى الرغم من ذلك فإنه سيصل في الوقت المناسب. إنه يشبه سيارة كاديلاك غرقت في الوحل.»

❖ ❖ ❖

قال المعلم لتلميذ متبرّم، غير راضٍ:

«لا تشكّ، وإلا سيبعدك الله عن الصومعة. كثيرون يأتون إلى هنا ويتوقعون معجزات. لكن المعلمين لا يعرضون القوى الممنوحة لهم من الله ما لم يأمرهم بذلك. معظم الناس لا يدركون أن أعظم معجزة على الإطلاق هي التغيير الذي يحدث في حياتهم بفعل الامتثال المتواضع لإرادته الإلهية.»

❖ ❖ ❖

قال المعلم: «لقد أرسلكم الله إلى هنا لغرض محدد، فهل تتصرفون بما يتوافق وينسجم مع ذلك الهدف؟ لقد أتيتم إلى هذه

الأرض لكي تنجزوا رسالة مقدسة. ادركوا الأهمية الكبرى لذلك الهدف ولا تسمحوا للأنا الضيقة بأن تصدّكم عن تحقيق ذلك الهدف اللانهائي.»

❖ ❖ ❖

كان أحد التلاميذ يبرر عدم تقدمه الروحي بسبب صعوبة تواجهه في التغلب على أخطائه.
وإذ أدرك برمهنساجي بالبديهة سبباً أعمق من ذلك قال:
«الرب لا يبالي بعيوبك إلا أنه لا يعجبه فتورك وعدم اكتراثك.»

❖ ❖ ❖

عندما كان المعلم بصدد مغادرة بوسطن في عام ١٩٢٣، لبدء جولة عبر البلاد لنشر تعاليم Self-Realization Fellowship، قال أحد طلابه:
«بدون توجيهك الروحي أشعر بأنني عاجز ومغلوب على أمري.» فأجابه المعلم:
«لا تعتمد عليّ بل على الله.»

❖ ❖ ❖

قال المعلم لبعض تلاميذ الصومعة المقيمين الذين غالباً ما كانوا يزورون الأصدقاء القدامى في عطلات نهاية الأسبوع:
«إنكم تصبحون قلقين مشوشين وتضيعون وقتكم. لقد أتيتم إلى هنا من أجل معرفة الله، والآن تخادعون أنفسكم بنسيان هدفكم. لماذا تطلبون التسليات الخارجية؟ اعثروا على الله وستعرفون ما كان يعوزكم!»

❖ ❖ ❖

المقر العالمي لـ Self-Realization Fellowship و Yogoda Satsanga Society of India
فوق تلة ماونت واشنطن، لوس أنجلوس، كاليفورنيا.

تلميذان صغيران غالباً ما كانا برفقة بعضهما البعض في الصومعة. فقال لهما المعلم:

«إن التعلّق بشخص واحد أو بعدد قليل من الأشخاص واستثناء الجميع هو أمر مقيّد ويحدّ من نمو التعاطف الشامل. يجب عليكما توسيع حدود مملكة تعاطفكما ونشر محبتكما في كل مكان لله الموجود في كل شيء.»

...

في إحدى الأمسيات كان المعلم يتمشى مع مجموعة من التلاميذ فنظر إلى النجوم وقال:

«كل واحد منكم مكوّنٌ من نجوم دقيقة كثيرة ـــ نجوم من الذرات! فلو تحررتْ قوة حياتكم من ذاتيتكم لوجدتم أنكم على دراية بكل الكون. عندما يموت كبار المتعبدين يشعرون بامتداد وعيهم فوق الفضاء اللامتناهي. ويا له من اختبار رائع!»

...

قال المعلم لمجموعة من المريدين في معبد Self-Realization Fellowship في سان دييغو:

«ليذكّركم مكان العبادة بمعبدكم الباطني الذي يجب أن تزورونه في هدأة الليل وانبلاج الفجر، حيث تستمعون لصوت السكون، أوم، وتصغون لمواعظ الحكمة المقدسة.»

...

في إحدى الأمسيات وبينما كان يتحدث مع التلاميذ، قال المعلم:

«الممتلكات لا تعني شيئا بالنسبة لي، لكن الصداقة عزيزة جداً. ففي الصحبة الحقيقية يبصر الإنسان ومضة من صديق

الأصدقاء: الله». وبعد وقفة قصيرة أضاف: «إياكم أن تخدعوا صديقاً أو تخونوا إنساناً، لأن ذلك من أكبر الخطايا أمام محكمة العدل الإلـهي.»

◆ ◆ ◆

كان برمهنساجي يهمّ بمغادرة مركز ماونت واشنطن لإلقاء محاضرة، لكنه توقف لبضع دقائق ليتحدث مع أحد الطلاب، فقال له المعلم:

«من المستحسن أن تحتفظ بمفكرة عقلية. فقبل النوم كل ليلة اجلس لوقت قصير وراجع أحداث اليوم. انظر إلى وضعك وأين أنت الآن. هل أنت مرتاح للاتجاه الذي تسير فيه حياتك؟ إن كان الجواب بالنفي، قم بتغيير المسار.»

◆ ◆ ◆

أُعْطِيَ جهاز تلفزيون للمعلم كهدية، فوُضع في غرفة بحيث يمكن أن يستخدمه جميع التلاميذ الذين تكرر ذهابهم كثيراً إلى تلك الغرفة لدرجة أن المعلم قال لهم:

«ما دمتم لم تعثروا على الله، فمن الأفضل ألا تُشغلوا أنفسكم بالتسليات. فابتغاء اللهو والتسلية يعني نسيان الله. تعلموا أولاً أن تحبونه وتعرفونه، وبعدها لا يهم ما تفعلونه، لأنه لن يترك أفكاركم أبداً.»

◆ ◆ ◆

قال المعلم: «الانغماس في المسرّات الحسية يعقبه التخمة. ومثل هذه الاختبارات الثنائية المتواصلة تجعل الإنسان عصبي المزاج، متقلباً، وغير جدير بالثقة. وبالتأمل على الله الواحد الأوحد يتمكن المريد من تحرير عقله من أمواج اللذة والألم

الدائمة التغيّر والتعاقب.»

❖ ❖ ❖

قال أحد الطلاب: «يا سيدي، عندما أكبر وأكون قد رأيت المزيد من الحياة، سأترك كل شيء وأطلب الله. أما الآن فهناك الكثير مما أريد معرفته واختباره.»

وبعد أن غادر الصومعة، أبدى برمهنساجي الملاحظة التالية:

«لا يزال يعتقد أن الجنس هو حب وأن "الأشياء" ثروة. وسيكون مثل ذلك الرجل الذي تركته زوجته واحترق بيته. وعندما تأمّل خسائره، قرر الرجل 'التخلي عن كل شيء.' لكن الله لا يتأثر كثيراً بمثل هذا 'الترك.' فالتلميذ الذي تخلّى للتو عن تدريبه هنا لن يكون مستعداً 'للتخلي عن كل شيء' قبل أن لا يكون قد بقي لديه أي شيء مادي يتخلى عنه!»

❖ ❖ ❖

قال أحد الزائرين: «بالكاد يبدو التفكير بالله كل الوقت عملياً من الناحية التطبيقية.» فأجاب المعلم:

«العالم يوافقك في ذلك، ولكن هل العالم مكان سعيد؟ الفرح الحقيقي يهرب من الشخص الذي يترك الله لأن الله هو الفرح الأعظم بالذات. أما متعبدوه فيعيشون في جنة من السلام الباطني على هذه الأرض، في حين يصرف الذين يتناسونه أيامهم في جهنم من عدم الأمان وخيبة الأمل، من صنع أيديهم. لذلك فإن 'مصاحبة الله' أمرٌ عملي بكل تأكيد!»

❖ ❖ ❖

طلب برمهنساجي من أحد التلاميذ القيام ببعض الأعمال

في خلوة Self-Realization في الصحراء، فذهب التلميذ على مضض، ينتابه القلق بشأن الواجبات التي تركها وراءه في مركز ماونت واشنطن.

فقال له المعلم: «عملك الجديد في خلوة الصحراء يجب أن يكون اهتمامك الوحيد الآن. لا تتعلق بشيء. تقبّل التغييرات بتعقّل ورحابة صدر، وانجز واجباتك بروح من الحرية المقدسة.

«فلو طلب مني الله في هذه اللحظة كي أعود إليه لتركت كل التزاماتي هنا من مؤسسة وأناس ومخططات دون التفاتة واحدة إلى الوراء. إن تسيير العالم هي مسؤولية الله لا مسؤوليتك أو مسؤوليتي، لأنه العامل الأوحد في الخليقة.»*

◆ ◆ ◆

سأل تلميذ: «يا معلم، لو استطعت إعادة الزمن إلى الوراء، إلى الوقت الذي طلب منك معلمك كي تأخذ على عاتقك العمل التنظيمي، فهل كنت ستبتهج بعد ما أصبحت تعرفه الآن من أعباء المسؤولية نحو أشخاص عديدين؟»

فأجاب المعلم: «نعم، لأن مثل هذا العمل يعلّم الإيثار.»

◆ ◆ ◆

كثيراً ما سُئل برمهنساجي السؤال القديم: «لماذا يسمح الله بالمعاناة» فكان يوضّح بأناة:

«المعاناة تنجم عن سوء استخدام حرية الإرادة. فالله منحنا القدرة والحرية كي نَقبَله أو نرفضه. هو لا يريدنا أن نعاني من الأهوال والمخاوف، لكنه لا يتدخل عندما نختار أعمالاً تفضي إلى التعاسة والشقاء. الناس لا يمتثلون لحكمة القديسين، لكنهم

* انظر (الأنا) في المسرد

يتوقعون ظروفاً استثنائية أو معجزات لتخلصهم عندما يقعون في المشاكل أو يتعرضون للمتاعب. صحيح أن الله قادر على عمل كل شيء، لكنه يعلم بأن محبة الإنسان وحسن سلوكه لا يمكن شراؤهما بالخوارق والمعجزات.»

«لقد أرسلنا إلى هذه الأرض كأبناء له، وبنفس ذلك الدور المقدس يجب أن نعود إليه. والطريقة الوحيدة للعودة إليه والتوحّد معه هي في تدريب إرادتكم. ولا توجد قوة في الأرض أو السماء تقدر أن تفعل ذلك نيابة عنكم. ولكن عندما ترفعون نداءً وجدانياً حاراً يرسل الله لكم معلماً مرشداً أو غورو كي يأخذ بيدكم من براري الألم المُقفرة إلى فردوس نعيمه الأبدي.»

«لقد وهبنا الله حرية الارادة ولذلك لا يمكن أن يقوم بدور الطاغية المستبد. وبالرغم من كونه القوة القهّارة لكنه لا يعمد إلى تحريركم من المعاناة عندما تختارون دروب الأفعال الشريرة. وهل من العدالة أن تتوقعوا منه إراحتكم من أعبائكم فيما إذا كانت أفكاركم وأفعالكم تتعارض مع قوانينه؟ إن في مراعاة القواعد الأخلاقية التي أعطاها في الوصايا العشر يكمن سر السعادة.»

• • •

غالباً ما حذّر برمهنساجي من مخاطر التقاعس الروحي، إذ كان يقول:

«الدقائق هي أهم من السنين. فإن لم تملأوا دقائق حياتكم بالتفكير بالله ستنقضي السنون دون فائدة تُذكر. ولن تتمكنوا من الشعور بحضور الله عندما تكونون في أمس الحاجة إليه. أما إذا ملأتم دقائق عمركم بالطموحات المقدسة فستمتلئ أعوامكم بتلك الطموحات.»

• • •

في الهند القديمة، كان لقب المعلم الروحي (غورو) يُطلق فقط على المعلمين الشبيهين بالمسيح القادرين على نقل المعرفة الإلهية إلى التلاميذ. باتباع الوصايا المقدسة، يصبح المريدون متقبلين روحياً من خلال الامتثال التام لتدريب المرشد الروحي. الغربيون كانوا يعترضون أحياناً على مثل هذا الاخضاع الاختياري للحرية الشخصية لإرادة شخص آخر، لكن المعلم قال:

«عندما يجد المرء معلمه الروحي يجب أن يكون هناك إخلاص غير مشروط له، لأنه وسيلة إلهية. الغرض الوحيد للمعلم هو مساعدة التلميذ في معرفة الذات الإلهية. والحب الذي يحصل عليه المعلم من المريد يقدّمه المعلم لله. وعندما يجد المعلم الروحي تلميذاً متوافقاً معه، يكون قادراً على تعليمه بسرعة أكبر من تعليم تلميذ يقاومه.

«أنا لست قائدكم بل خادمكم. إنني أرى الله ماثلاً فيكم وأنحني لكم جميعاً. أريد فقط أن أحدّثكم عن الفرح العظيم الذي أشعر به في الله. ليس لديّ طموح شخصي، لكن طموحي الأكبر هو مشاركة فرحي الروحي مع جميع شعوب الأرض.»

⬥⬥⬥

في حديث له مع المقيمين في الصومعة، قال شري يوغانندا:

«في الحياة الروحية يصبح الشخص تماماً كالطفل الصغير— بدون غضب، بدون تعلّق، مفعماً بالحياة والفرح. لا تسمحوا لأي شيء بأن يؤذيكم أو يزعجكم. حافظوا على هدوئكم الداخلي وكونوا متفتحين ومتقبلين للصوت الإلهي، واصرفوا أوقات فراغكم في التأمل والتفكير بالله.»

«لم أجد في الدنيا متعة تضاهي البهجة الروحية التي تمنحها الكريا يوغا، ولن أترك ممارستها حتى ولو أُعطيتُ كل وسائل

الراحة الغربية أو كل الذهب الموجود في العالم، لأنني وجدت أنه من خلال الكريا يوغا يمكنني الاحتفاظ بسعادتي على الدوام.»

❖ ❖ ❖

لقد رسم المعلم صوراً كلامية عديدة لا تنسى لتوضيح نقاط روحية، وذات مرة قال: «الحياة هي كالآتي: تصوروا أنفسكم في نزهة وقمتم بتحضير الغداء، وفجأة يظهر دبٌ فيقلب المائدة مما يضطركم للهرب. وعلى هذا النحو يصرف الناس حياتهم. فهم يعملون من أجل الحصول على بعض السعادة والأمن. بعد ذلك يأتي دب المرض فيتوقف قلبهم ويفارقون الحياة.

«لماذا تعيشون في مثل هذه الحالة من عدم اليقين؟ لقد احتلت الأمور غير الهامة المقام الأول في حياتكم، وسمحتم للأنشطة المختلفة بأن تشغل وقتكم وتستعبدكم. كم من السنين انقضت على هذه الشاكلة؟ ولماذا تسمحون للبقية الباقية من عمركم أن تنقضي دون تقدّم روحي؟ إن صممتم اليوم على عدم السماح للعوائق بأن تثبّطكم أو تصدّكم ستُمنحون المقدِرة للتغلب على تلك العوائق.»

❖ ❖ ❖

قال المعلم: «الخامل الكسول لا يعثر على الله، والفكر العقيم يصبح ورشة الشيطان. لقد رأيت نسّاكاً [رهباناً] عديدين تركوا العمل ولم يصبحوا أكثر من متسولين. ولكن الذين يعملون لتحصيل لقمة العيش دون أي رغبة بثمار الأعمال، يشتهون القرب من الله فقط، هم وحدهم التاركون الحقيقيون. من الصعب جداً ممارسة هذا النوع من الترك. ولكن عندما تحبّون الله محبة عظيمة بحيث تقومون بكل شيء لكسب رضاه تصبحون متحررين.

«وإذ تقولون لأنفسكم 'إنني أعمل فقط من أجل الله' تتعاظم

محبتكم له ولا يبقى لديكم أي فكر أو دافع آخر سوى خدمته وعبادته.»

◆ ◆ ◆

قال المعلم: «عاينوا الحضور الإلهي في النجوم وما تحت الأرض، واشعروا به في خلجات مشاعركم. الله محتجب في كل مكان وهو الحقيقة التي يغفلها الناس. إن سرتم على الطريق الروحي بهمة وثبات وإن تأملتم بانتظام ستبصرونه في رداء من النور الذهبي المنتشر على الوجود بأسره طوال الأبد.

«التحدث عن الله لا يكفي. كثيرون تكلموا عنه وعديدون راودتهم تساؤلات حوله، ولكن قلائل هم الذين تذوّقوا سروره الدائم. وهؤلاء فقط هم الذين يعرفونه. عندما تتعرفون عليه لن تقفوا جانباً وتعبدونه، لأنكم ستتوحدون معه. إذ ذاك، وكما قال السيد المسيح وصرّح جميع المعلمين المتنورين، ستقولون أنتم أيضاً: 'أنا والآب السماوي واحد.'»

◆ ◆ ◆

قال المعلم: «عندما تغوصون بعمق عن طريق العين الروحية* ستبصرون البعد الرابع** متوهجاً بعجائب العالم الداخلي. من الصعب بلوغ ذلك البُعد، ولكنه في منتهى الجمال والروعة!

«لا تقتنعوا بالحصول على بعض السلام نتيجة لتأمّلكم، بل تشوّقوا مراراً وتكراراً لغبطته وتعطّشوا لنعيمه. وعندما يكون الآخرون نائمين أو يبددون قواهم في تحقيق رغباتهم، اهمسوا له ليل نهار: 'يا رب، يا رب، يا رب!' وسيحين الوقت عندما يبزغ

* انظر المسرد

** انظر العوالم الكوكبية في المسرد

متجلّياً لكم من قلب الظلمة، وستتعرفون عليه. هذا العالم هو مكان قبيح مقارنة بعالم الروح الرائع الجذّاب. أزيحوا العوائق التي تحول دون حصولكم على الإشراقة المقدسة بالتصميم والإخلاص والإيمان.»

❊ ❊ ❊

قال المعلم: «في عيد الميلاد هناك اهتزازات قوية لوعي المسيح في الهواء، والذين يتناغمون من خلال إخلاصهم وتأملهم العلمي العميق سيحصلون على الاهتزازات الإلهية. من الأهمية الروحية القصوى لكل إنسان، بغض النظر عن دينه، أن يختبر في داخله 'ميلاد' المسيح الكوني.

«الكون هو جسده. فوعي المسيح موجود في كل ركن من أركان الكون. عندما تغمض عينيك بالتأمل، توسّع مدارك وعيك حتى تشعر بأن الكون كله هو جسدك، سيولد المسيح في داخلك، وستتبدد كل غيوم الجهل عندما تبصر من خلف ظلمة العينين المغمضتين، النور الكوني الإلهي.

«يجب أن يُمجّد المسيح بالحق: أولاً بالروح في التأمل. وثانياً في المظهر، من خلال إدراك حضوره حتى في العالم المادي. يجب أن تتأملوا على المعنى الحقيقي لمجيء المسيح، وتشعروا بوعيه منجذباً إلى داخلكم بمغناطيس محبتكم وإخلاصكم. وهذا هو المعنى الحقيقي لعيد الميلاد.»

❊ ❊ ❊

الاتزان هو الكلمة المفتاحية في تعاليم برمهنساجي الذي قال: «إن مارستم التأمل بعمق ستتجه أفكاركم بقوة نحو الله. ومع ذلك فيجب ألا تهملوا واجباتكم في العالم. فعندما تعرفون كيف تنجزون كل مهامكم بعقل هادئ رزين ستكونون قادرين على القيام

بأعمالكم بسرعة وفعالية أكبر وبتركز أعمق. وستجدون أن الوعي الإلهي يتخلل كل أنشطتكم. تلك الحالة تأتي فقط بعد ممارستكم للتأمل العميق وتهذيبكم للعقل بحيث يتوجه نحو الله بمجرد قيامكم بواجباتكم، مع التيقن بأنكم من خلال الواجبات تخدمون الله وحده.»

❖ ❖ ❖

قال المعلم: «التوبة لا تعني فقط التأسّف على ارتكاب خطأ ما، بل الامتناع عن تكرار ذلك الخطأ. عندما تتوبون توبة حقيقية فإنكم تصمّمون على ترك الشر دون العودة إليه. القلب في معظم الأحيان قاسٍ جداً ولا يمكن تغييره بسهولة. رقّقوه بالدعاء والابتهال وستحل عليكم البركات.»

❖ ❖ ❖

قال المعلم: «كونوا مسترشدين بالحكمة. الأفعال الخاطئة القديمة تركت بذوراً في عقولكم، ولكن إن قمتم بحرق تلك البذور بنار الحكمة فإنها 'تتحمص' وتصبح عديمة الفعالية والتأثير. لا يمكنكم بلوغ الحرية التامة ما لم تحرقوا بذور الأفعال السابقة بنار الحكمة والتأمل. وإن رغبتم في القضاء على النتائج السيئة للأعمال السابقة فعليكم بالتأمل. ما زرعتموه وفعلتموه يمكنكم اقتلاعه وإبطال مفعوله. إن كنتم لا تحرزون تقدّماً روحياً فعليكم تكرار المحاولة بالرغم من المحن والبلايا. وعندما يصبح مجهودكم الحاضر أقوى من الكارما [نتائج] الأعمال السابقة تصبحون أحراراً.»

❖ ❖ ❖

قال برمهنساجي أثناء إلقاء محاضرة: «قال السيد المسيح لكل منا 'تحب قريبك كنفسك.' لكن بدون المعرفة الروحية، التي

تدرك من خلالها أن كل الناس هم في الواقع 'نفسك'، لا يمكنك اتباع وصية المسيح. بالنسبة لي لا فرق عندي بين الناس، لأنني أرى كل واحد منهم على أنه ابنٌ لله. لا يمكنني اعتبار أي شخص بأنه غريب.

«ذات مرة في مدينة نيويورك، أحاط بي ثلاثة رجال قصد السطو بالإكراه. قلت لهم: 'إن كنتم تريدون مالاً خذوه' وناولتهم محفظتي. كنت آنذاك في حالة الوعي السامي. لم يأخذ الرجال المحفظة. أخيراً قال أحدهم: 'نستميحك عذراً، لا يمكننا أن نفعل ذلك' وولوا هاربين.

«وفي ليلة أخرى في نيويورك، بالقرب من قاعة كارنيغي حيث كنت للتو قد ألقيت محاضرة، اقترب مني رجل يحمل مسدساً، وقال:

'هل تعلم أن باستطاعتي إطلاق النار عليك؟'

«سألته بهدوء 'لماذا؟' وكان عقلي آنذاك مستغرقاً في الله. أجاب 'لأنك تتحدث عن الديمقراطية'. ومن الواضح أنه كان يعاني من اضطراب عقلي. وقفنا صامتين لبعض الوقت، ثم قال:

«'سامحني. لقد نزعتَ الشر من نفسي'، وانطلق راكضاً في الشارع بسرعة الغزال.

«إن المتناغمين مع الله يمكنهم تغيير قلوب الناس.»

◆ ◆ ◆

قال المعلم: «القول بأن العالم حلم دون محاولة بلوغ المعرفة الأكيدة لهذه الحقيقة عن طريق التأمل قد يؤدي بالمرء إلى التطرف والتعصب. الشخص الحكيم يعلم أنه بالرغم من أن الحياة الفانية هي حلم، إلا أنها تنطوي على آلام [حتى] في الحلم، ويتبنى أساليب علمية للاستيقاظ من الحلم.»

◆ ◆ ◆

عندما أعيد تجديد مقر Self-Realization Fellowship، اقترح أحد التلاميذ تخصيص محراب تكون به شمعة تعرف بـ «الشمعة الدائمة»، فقال برمهنساجي:
«أريد أن أشعر بأن مصباح الإخلاص لله الذي أنرته في قلوبكم خالدٌ أبد الدهر، ولا حاجة لنور آخر سواه.»

❋ ❋ ❋

في عام ١٩٥١ ألمح برمهنساجي في كثير من الأحيان إلى أن أيامه المتبقية على الأرض لم تعد كثيرة.
فاستعلم طالبٌ حزين: «سيدي، عندما لا نستطيع رؤيتك ثانية فهل ستكون قريباً منا مثلما أنت الآن؟»
فابتسم المعلم بمودة وقال:
«سأكون قريباً من كل الذين يعتقدون بأنني قريب منهم.»

نبذة عن المؤلف

«إن المثل الأعلى لمحبة الله وخدمة الإنسانية وجد تعبيراً كاملاً في حياة برمهنسا يوغانندا... ومع أنه صرف القسم الأكبر من حياته خارج الهند، لا زال يحتفظ بمكانه بين عظماء قديسينا. فعمله يستمر بالنمو ويزداد تألقاً، ويجتذب الناس من كل مكان للانضمام إلى مسيرة الروح.»

- من شهادة لحكومة الهند عند إصدارها طابعاً بريدياً تذكارياً تكريماً لبرمهنسا يوغانندا بمناسبة الذكرى السنوية الخامسة والعشرين لرحيلة.

وُلد برمهنسا يوغانندا في ٥ يناير/كانون الثاني ١٨٩٣ في الهند وكرّس حياته لمساعدة الناس من كل الأجناس والمعتقدات لمعرفة ما تحويه نفس الإنسان من جمال وسمو وقداسة حقيقية وإظهار ذلك على نحو أكمل في حياتهم.

بعد تخرجه من جامعة كلكتا في عام ١٩١٥، اتخذ نذوراً رسمية كراهب في سلك السوامي المبجل في الهند. وبعد ذلك بسنتين بدأ عمل حياته بتأسيس مدرسة «فن الحياة المتوازنة» – والتي تطورت منذ ذلك الحين إلى واحد وعشرين معهداً تربوياً في جميع أنحاء الهند – حيث يتم تقديم المواد الأكاديمية التقليدية جنباً إلى جنب مع تدريب اليوغا وتلقين المثل والمبادئ الروحية. في عام ١٩٢٠تلقى دعوة ليمثّل الهند في مؤتمر عالمي للمتدينين الأحرار في بوسطن بالولايات المتحدة. وقد لاقت كلمته الافتتاحية ومحاضراته اللاحقة في الساحل الشرقي استقبالاً مفعماً بالحماس. وفي عام ١٩٢٤بدأ جولة محاضرات عبر القارة.

وعلى مدى الثلاثة عقود التالية ساهم برمهنسا يوغانندا بطرق بعيدة الأثر في تقدير الغرب ودرايته المتزايدة لحكمة الشرق الروحية. ففي لوس أنجلوس، أسس المقر العالمي لـ Self-Realization Fellowship – وهي جماعة دينية

لاطائفية أسسها في عام ١٩٢٠. ومن خلال كتاباته وجولات محاضراته المكثفة، واستحداث العديد من المعابد ومراكز التأمل التابعة إلى Self-Realization Fellowship، فقد جعل علم وفلسفة اليوغا وأساليبها التأملية القابلة للتطبيق عالمياً في متناول آلاف الباحثين عن الحقيقة.

اليوم، يتواصل العمل الروحي والإنساني الذي بدأه برمهنسا يوغانندا بإشراف وتوجيه الأخ تشيدانندا رئيس Self-Realization Fellowship / Yogoda Satsanga Society of India. وبالإضافة لنشر كتاباته ومحاضراته وأحاديثه غير الرسمية (بما في ذلك سلسلة من الدروس الشاملة للدراسة المنزلية)، تشرف الجماعة أيضاً على المعابد والخلوات والمراكز حول العالم، فضلاً عن نظام معرفة الذات الرهباني ودائرة الصلاة العالمية.

في مقال عن حياة وعمل شري يوغانندا، كتب أستاذ اللغات القديمة في كلية سكريبس الدكتور كوينسي هاو الابن ما يلي: «لم يقتصر ما جلبه برمهنسا يوغانندا للغرب على وعد الهند الراسخ بمعرفة الله، بل جلب أيضاً أسلوباً عملياً يمكن من خلاله للطامحين الروحيين من كل مناحي الحياة أن يتقدموا بسرعة نحو ذلك الهدف. إن تراث الهند الذي لاقى في الأصل تقديراً في الغرب على أكثر المستويات سمواً وتجريداً، أصبح الآن متاحاً كممارسة وتجربة لكل من يطمح للتعرف على الله، ليس في العالم الآخر، بل هنا والآن... إذ وضع يوغانندا في متناول الجميع أعظم طرق التأمل وأسماها.»

إن حياة وتعاليم برمهنسا يوغانندا موصوفة في كتابه مذكرات يوغي Autobiography of a Yogi، وفي أكتوبر/تشرين الأول ٢٠١٤ تم إصدار فيلم استيقظ: حياة يوغانندا Awake: The Life of Yogananda وهو فيلم وثائقي حائز على جوائز يتناول حياة وعمل برمهنسا يوغانندا.

برمهنسا يوغانندا
يوغي في الحياة والموت

دخل برمهنسا يوغانندا حالة ماهاسمادهي (الخروج الواعي الأخير لليوغي من الجسد) في لوس أنجلوس، كاليفورنيا، في ٧ مارس/آذار ١٩٥٢، بعد اختتام كلمة ألقاها في مأدبة أقيمت على شرف سعادة سفير الهند. بيناي ر. سين.

لقد أظهر المعلم العالمي العظيم قيمة اليوغا (الأساليب العلمية لمعرفة الله) ليس فقط في الحياة ولكن في الموت أيضاً. فبعد أسابيع من رحيله، ظل وجهه الذي لم يتغير ولم يتطرق إليه الفساد يشع بريقاً مقدساً.

وقد أرسل المستر هاري تي. رو، مدير مدفن فورست لاون ميموريال بارك Forest Lawn Memorial Park في لوس أنجلوس (حيث تم وضع جثمان المعلم العظيم مؤقتاً) خطاباً موثّقاً إلى Self-Realization Fellowship وهذه مقتطفات منه:

«إن عدم وجود أي علامات مرئية للتعفن في جثمان برمهنسا يوغانندا هو الحالة الأكثر استثنائية في تجربتنا.... إذ لم يظهر تحلل مادي في جسده حتى بعد عشرين يوما من وفاته.... ولم تظهر علامات التعفن على بشرته، ولم يظهر جفاف في أنسجة الجسم. وهذه الحالة من الحفظ التام للجسد هي، على حد معرفتنا بالسجلات الجنائزية، حالة لا مثيل لها.... فعند استلام جثمان يوغانندا، توقع عمال الدفن أن يلاحظوا من خلال الغطاء الزجاجي للنعش، علامات التحلل التدريجي للجسد. لكن دهشتنا زادت مع توالي الأيام دون حدوث أي تغيير واضح في الجسد الذي كان تحت المراقبة. فجسد يوغانندا كان على ما يبدو في حالة استثنائية من عدم التغيّر.... حيث لم تنبعث من جسده رائحة التعفن في أي وقت....

ففي ٢٧ مارس كان المظهر الجسدي ليوغانندا، قبل وضع الغطاء البرونزي على التابوت، هو نفسه كما كان في ٧ مارس. لقد بدا يوم ٢٧ مارس غضاً وغير متأثر بالتحلل مثلما كان ليلة وفاته. وفي ٢٧ مارس لم يكن هناك سبب يدعونا للقول بأن جسده قد عانى من أي تحلل جسدي مرئي على الإطلاق. ولهذه الأسباب نعلن مرة أخرى أن حالة برمهنسا يوغانندا فريدة من نوعها في تجربتنا.»

موارد إضافية بخصوص
تعاليم برمهنسا يوغانندا
حول كريا يوغا

Self-Realization Fellowship مكرسة لتقديم المساعدة دون قيود للباحثين في جميع أنحاء العالم. للحصول على معلومات بخصوص سلسلتنا السنوية من المحاضرات والفصول العامة، وخدمات التأمل الإلهامية في معابدنا ومراكزنا حول العالم، وجدول الخلوات والأنشطة الأخرى، ندعوكم لزيارة موقعنا على الإنترنت أو مقرنا العالمي:

www.yogananda.org

Self-Realization Fellowship
San Rafael Avenue 3880
Los Angeles, CA 90065-3219
+1(323) 225-2471

دروس
Self-Realization Fellowship

إرشادات وتعليمات شخصية
من برمهنسا يوغانندا حول التأمل ومبادئ الحياة الروحية

إذا كنت تشعر بالانجذاب إلى تعاليم برمهنسا يوغانندا، فإننا ندعوك للتسجيل في دروس Self-Realization Fellowship.

لقد أنشأ برمهنسا يوغانندا سلسلة الدراسة المنزلية هذه لإتاحة فرصة للباحثين المخلصين لتعلّم وممارسة أساليب تأمل اليوغا القديمة التي جلبها إلى الغرب – بما في ذلك علم الكريا يوغا Kriya Yoga. تقدم الدروس أيضاً إرشاداته العملية لتحقيق الازدهار، والرفاه الجسدي، والعقلي، والروحي.

تتوفر دروس Self-Realization Fellowship مقابل رسم رمزي (لتغطية تكاليف الطبع والبريد)، ويقدم رهبان وراهبات Self-Realization Fellowship لجميع الطلاب إرشادات شخصية حول الممارسة التطبيقية

لمزيد من المعلومات...

يرجى زيارة الموقع الإلكتروني www.srflessons.org أو طلب حزمة تتضمن معلومات مجانية شاملة عن الدروس.

الأهداف والمثل العليا
لـ Self-Realization Fellowship

كما وضعها المؤسس برمهنسا يوغانندا
رئيس الجماعة الأخ تشيدانندا

نشر معرفة بين الأمم تتضمن أساليب علمية أكيدة للحصول على تجربة شخصية مباشرة مع الله.

التلقين بأن غاية الحياة هي تطوير وعي الإنسان البشري المحدود، من خلال المجهود الذاتي، إلى الوعي الإلهي؛ ولهذه الغاية تأسيس معابد Self-Realization Fellowship في كافة أنحاء العالم للتواصل مع الله، والتشجيع على تأسيس معابد فردية لله في بيوت وقلوب الناس.

إظهار الانسجام التام والوحدة الجوهرية بين المسيحية الأصلية كما علّمها يسوع المسيح واليوغا الأصلية كما علّمها بهاغافان كريشنا؛ والتوضيح أن مبادئ الحق هذه هي الأساس العلمي المشترك لجميع الديانات الحقيقية.

تبيان الطريق الرئيسي المقدس الذي تفضي إليه جميع دروب المعتقدات الدينية الحقيقية: طريق التأمل اليومي، العلمي، التعبدي على الله.

تحرير الإنسان من معاناته الثلاثية: المرض الجسدي، الاضطرابات العقلية، والجهل الروحي.

تشجيع «العيش البسيط والتفكير العالي»؛ ونشر روح الإخاء بين كل شعوب العالم بتلقين الأساس الأبدي لوحدتهم: صلتهم بالله.

إثبات تفوق العقل على الجسد، والروح على العقل.

قهر الشر بالخير، والحزن بالفرح، والقسوة باللطف، والجهل بالحكمة.

توحيد العلم والدين عن طريق معرفة الوحدة القائمة بين مبادئهما الأساسية.
الدفع باتجاه التفاهم الثقافي والروحي بين الشرق والغرب، وتبادل أفضل خصائصهما المميزة.
خدمة البشرية بصفتها ذات الإنسان الكبرى.

كتب باللغة العربية من تأليف برمهنسا يوغانندا

منشورات عربية من Self-Realization Fellowship
متوفرة على الموقع الإلكتروني
www.srfbooks.org
أو غيره من مكتبات بيع الكتب عبر الإنترنت

كيف يمكنك محادثة الله

يُعرّف برمهنسا يوغانندا الله بأنه الروح الكوني الفائق والأب، والأم، والصديق الشخصي المحب والقريب من الجميع، ويبيّن مدى قرب الرب من كل واحد منا، وكيف يمكن إقناعه بأن "يكسر صمته" ويستجيب بطريقة محسوسة.

توكيدات شفاء علمية

في هذا الكتاب الذي يشتمل على مجموعة واسعة من التوكيدات يقدم برمهنسا يوغانندا شرحاً عميقاً للأسس العلمية للتوكيد. ويشرح طريقة عمل التوكيدات، وكيف يمكن استخدام قوة الكلمة والفكر ليس فقط لاستجلاب الشفاء، ولكن أيضاً لإحداث التغيير المرغوب في كل مجال من مجالات الحياة.

تأملات ميتافيزيقية

أكثر من ٣٠٠ من التأملات والصلوات والتوكيدات الروحية التي تلهم الفكر وتسمو به، والتي يمكن استخدامها لتنمية قدر أكبر من الصحة، والحيوية، والإبداع، والثقة بالنفس، والهدوء؛ وللعيش بدراية أكبر بحضور الله الذي يغمر النفس بالغبطة والابتهاج.

عِلم الدين

في هذا الكتاب، يبين برمهنسا يوغانندا أن داخل كل إنسان توجد رغبة حتمية لا مفر منها وهي التغلب على المعاناة

والحصول على سعادة لا انتهاء لها. وإذ يشرح كيف يمكن تحقيق هذه الأشواق، فإنه يتناول بدقة الفعالية النسبية للمقاربات المختلفة لتحقيق هذا الهدف.

قانون النجاح

يشرح المبادئ الديناميكية لتحقيق أهداف المرء في الحياة، ويحدد القوانين الكونية التي تحقق النجاح وتجلب الرضا – على المستوى الشخصي والمهني والروحي.

همسات من الأبدية

مجموعة من صلوات برمهنسا يوغانندا واختباراته الإلهية في حالات التأمل السامية. إن كلماته المدونة بجمال شعري وإيقاع رائع تظهر تنوعاً لا ينفد لطبيعة الله والعذوبة اللامتناهية التي يستجيب بها لمن يبحثون عنه.

مأثورات برمهنسا يوغانندا

مجموعة من الأقوال والمشورة الحكيمة التي تنقل ردود برمهنسا يوغانندا الصريحة والمفعمة بالمحبة لأولئك الذين قصدوه التماساً للتوجيه والإرشاد. المأثورات في هذا الكتاب، التي تم تدوينها بواسطة عدد من تلاميذه المقربين، تتيح للقارئ فرصة المشاركة في لقاءاتهم مع المعلم.

كتب باللغة الإنكليزية لبرمهنسا يوغانندا

Autobiography of a Yogi

God Talks With Arjuna: The Bhagavad Gita
A New Translation and Commentary —

:The Second Coming of Christ
The Resurrection of the Christ Within You
A Revelatory Commentary on the Original —
Teachings of Jesus

The Yoga of the Bhagavad Gita

The Yoga of Jesus

The Collected Talks and Essays

Volume I: Man's Eternal Quest
Volume II: The Divine Romance
Volume III: Journey to Self-realization

:Wine of the Mystic
The Rubaiyat of Omar Khayyam
A Spiritual Interpretation —

Songs of the Soul

Whispers from Eternity

Scientific Healing Affirmations

:In the Sanctuary of the Soul
A Guide to Effective Prayer

The Science of Religion

Metaphysical Meditations

Where There Is Light
Insight and Inspiration for Meeting Life's—
Challenges

Sayings of Paramahansa Yogananda

:Inner Peace
How to Be Calmly Active and Actively Calm

Living Fearlessly
Bringing Out Your Inner Soul Strength—

The Law of Success

How You Can Talk With God

Why God Permits Evil
and How to Rise Above It

To Be Victorious in Life

Cosmic Chants

تسجيلات برمهنسا يوغانندا الصوتية

Beholding the One in All

The Great Light of God

Songs of My Heart

To Make Heaven on Earth

Removing All Sorrow and Suffering

Follow the Path of Christ, Krishna, and the Masters

Awake in the Cosmic Dream

Be a Smile Millionaire

One Life Versus Reincarnation

In the Glory of the Spirit

Self-Realization: The Inner and the Outer Path

منشورات أخرى من
Self-Realization Fellowship

The Holy Science
Swami Sri Yukteswar —

:Only Love
Living the Spiritual Life in a Changing World
Sri Daya Mata —

:Finding the Joy Within You
Personal Counsel for God-Centered Living
Sri Daya Mata —

:Intuition
Soul Guidance for Life's Decisions
Sri Daya Mata —

:God Alone
The Life and Letters of a Saint
Sri Gyanamata —

:"Mejda"
The Family and the Early Life of
Paramahansa Yogananda
Sananda Lal Ghosh —

Self-Realization
(مجلة أسسها برمهنسا يوغانندا في عام ١٩٢٥)

دي في دي فيديو

Awake: The Life of Yogananda
فيلم من إنتاج شركة أفلام كاونتربوينت

SELF-REALIZATION FELLOWSHIP
3880 San Rafael Avenue • Los Angeles, CA 90065-3219
Phone *+1(323) 225-2471* • **Fax** *+1(323) 225-5088*

www.yogananda.org

المسرد

[ملاحظة: ا.ن = انظر]

الأم الإلهية Divine Mother: كتبَ برمهنساجي: "ذلك المظهر اللانهائي غير المخلوق، العامل في الخليقة يُشار إليه في الأسفار الهندوسية بالأم الإلهية. ووفقاً لهذا المظهر الشخصي اللانهائي يمكن القول إن الأم الكونية «تتشوق» لمسلك بنيها الطيّب والاستجابة لابتهالاتهم. إن الذين يتصورون بأن الله اللاشخصي لا يمكن أن يظهر بصورة شخصية، بالحقيقة ينكرون قدرته الكلية وإمكانية مخاطبة الإنسان لخالقه. إن الله بصورة الأم الكونية يظهر بشكل محسوس أمام البهاكتاز bhaktas (المتعبدين الصادقين الذين يعبدون الله بمظهر شخصي).

يظهر الله ذاته أمام قديسيه في أية صورة قريبة من قلب كل منهم. فالمسيحي الورع يرى يسوعاً والهندي يبصر كريشنا أو الآلهة كالي، أو يرى نوراً دائم التمدد والاتساع فيما إذا كانت عبادته تتخذ منحىً غير شخصي.

الأنانية، "الأنا"، حب الذات Ego: مبدأ الذاتية **أهامكرا**، (حرفياً "أنا أفعل"). هذا المبدأ هو أساس الثنائية أو الانفصال الظاهر بين الإنسان وخالقه. **أهامكرا** تدفع البشر إلى قبضة مايا (ا.ن) بحيث تبدو الذات "الأنا" ذاتاً جوهرية من قبيل الوهم. فالمخلوقون يتوهّمون بأنهم خالقون. وبإقصاء الوعي الذاتي أو "الأنا" يستيقظ الإنسان في طبيعته الحقة ويدرك وحدته مع الحياة الوحيدة: الله.

أوم Om أو Aum: أصل وأساس كل الأصوات والرمز الكوني

لله. أوم الفيدات (ا.ن) أصبحت الكلمة المقدسة (هوم) عند التبتيين و(آمين) عند المسلمين والمصريين والإغريق والرومانيين واليهود والمسيحيين. آمين في العبرية تعني أكيد، صادق. أوم هو الصوت الكلي المنبثق عن الروح القدس: الاهتزاز الكوني غير المنظور، أو الله في مظهر المبدع الخلاّق. وهو "الكلمة" في الإنجيل: صوت الخليقة، الشاهد على الوجود المقدس في كل ذرة. هذا الصوت المبارك يمكن سماعه عن طريق ممارسة طريقة يوغية خاصة مشمولة في تعاليم Self-Realization Fellowship. "هذا يقوله الآمين، الشاهد الأمين الصادق، بداية خليقة الله" رؤيا ٣: ١٤

"في البدء كان الكلمة، والكلمة كان عند الله، وكان الكلمة الله... كل شيء به كان (الكلمة أو أوم) "وبغيره لم يكن شيء مما كان." يوحنا ١: ٣

باباجي Babaji: معلم لاهيري ماهاسايا الذي كان معلم سوامي سري يوكتسوار معلم برمهنسا يوغانندا. باباجي هو تجسّد خالد، يعيش متخفياً في جبال الهملايا. لقبُه مهاڤاتار "تجسّد إلهي". لمحات من حياته الشبيهة بالمسيح مدوّنة في **مذكرات يوغي** Autobiography of a Yogi بقلم برمهنسا يوغانندا.

برمهنسا Paramahansa: لقب روحي معناه "سيد نفسه"، يخلعه المعلم الروحي على تلميذه المستنير. والمعنى الحرفي لبرمهنسا هو "الإوزة السامية" التي تعتبر في الأسفار الهندية رمزاً للتمييز الروحي.

بهاغافاد-غيتا Bhagavad-Gita: كتاب الهندوس المقدس الذي يتضمن أقوال السيد كريشنا المقدسة التي جمعها الحكيم فياصا منذ آلاف السنين. انظر **كريشنا**.

البصيرة أو الحدس Intuition: الحاسة السادسة أو بصيرة

الروح: إدراك المعرفة مباشرة عن طريق الروح وليس عن طريق العقل أو الحواس غير المعصومة عن الخطأ.

التنفّس Breath: قال يوغانانداجي: "التنفّس يربط الإنسان بالخليقة. إن التيارات الكونية المتدفقة التي تفوق الحصر والتي يستقبلها الإنسان عن طريق التنفس، تخلق في عقله القلق. ولكي يتخلص الإنسان من التدفق الدائم للعوالم المادية ويدخل لانهائية الروح عليه أن يتعلم تهدئة التنفّس بالتأمل العلمي".

جي Ji: لاحقة توحي بالاعتبار والتقدير، تضاف عادة إلى الأسماء في الهند. أحيانا يشار إلى برمهنسا يوغانندا في هذا الكتاب بـ: برمهنساجي أو يوغانانداجي.

دروس **Self-Realization Fellowship:** تعاليم برمهنسا يوغانندا، تم تجميعها في سلسلة شاملة من الدروس للدراسة المنزلية وإتاحتها للباحثين المخلصين عن الحقيقة في جميع أنحاء العالم. تحتوي هذه الدروس على طرق اليوغا الخاصة بالتأمل التي علّمها برمهنسا يوغانندا، بما في ذلك كريا يوغا بالنسبة لأولئك الذين يستوفون متطلبات معينة. تتوفر معلومات عن الدروس عند الطلب من المقر العالمي لـ Self-Realization Fellowship (انظر الصفحة ١٢٠).

سات - تات - أوم SAT-TAT-OM: الآب والابن والروح القدس، أو الله الفائق (عديم الخاصيّات والصفات) وهو الوعي الكوني في الفراغ الزاخر بالغبطة خلف العوالم المظهرية. الله: وعي المسيح الحالّ في الخليقة، والله: أوم (ا.ن)، الاهتزاز الإلهي الخلاّق.

سادهو Sadhu: الذي يقتفي (سادهانا): طريق التدريب الروحي.

سري يوكتسوار Sri Yukteswar: (١٨٥٥-١٩٣٦) المعلم

العظيم لبرمهنسا يوغانندا الذي أطلق على سري يوكتسوار لقب "جانافاتار" أي تجسّد الحكمة الإلهية.

سمادهي Samadhi: حالة الوعي السامي، يتم بلوغها باتباع طريق اليوغا ذي الثماني شُعب، وهي الحالة الثامنة أو الأخيرة. إن التأمل العلمي أي الاستخدام الصحيح لفنون اليوغا التي استنبطها حكماء الهند منذ القدم يقود المريد إلى حالة السمادهي أو معرفة الله. فكما تذوب الموجة في المحيط، هكذا تدرك النفس البشرية بأنها الروح الكلية.

سوامي Swami: أحد أفراد السلك النسكي الأقدم في الهند، الذي أعاد تنظيمه سوامي شنكارا تشاريا في القرن الثامن الميلادي. السوامي يتخذ النذور الرسمية للتبتل (عدم الزواج) وتركْ المطامح الدنيوية ويكرّس نفسه للتأمل الروحي ولخدمة الإنسانية. هناك عشر شُعَب لسلك السوامي ذات ألقاب مقترنة بالسلك، مثل: جيري، بوري، بهاراتي، تيرثا، ساراسواتي، وغيرها. سوامي سري يوكتسوار (ا.ن) وبرمهنسا يوغانندا كانا ينتميان لشعبة الجيري، أي الجبل.

العوالم الكوكبية Astral Worlds: هي الأقطار الجميلة ذات النور والفرح والتي ينتقل إليها بعد الموت ذوو الفهم الروحي، قصد المزيد من التقدم والتفتّح. وهناك العالم السببي أو المثالي الذي يفوق العوالم الكوكبية. هذه العوالم موصوفة في الفصل الثالث والأربعين من كتاب (**مذكرات يوغي** Autobiography of a Yogi).

العين الروحية Spiritual Eye: عين الحكمة "الوحيدة": الباب النوراني الذي يتعيّن على الإنسان عبوره لبلوغ الوعي الكوني. طريقة دخول الباب المقدس يتم تلقينها لطلاب Self-Realization Fellowship. "أنا هو الباب. إن دخل بي أحد

فيخلص ويدخل ويخرج ويجد مرعى" يوحنا١٠:٩ "فإن كانت عينك وحيدة (if thine eye is single) كان جسدك كله منيراً، فانتبه لئلا يصير النور الذي فيك ظلاماً." (لوقا ١١: ٣٤-٣٥)

العودة إلى التجسّد Reincarnation: هذه العقيدة مشروحة في الأسفار الهندية وتقول بأن الإنسان سيولد مراراً وتكراراً على هذه الأرض، وبأن دورة التجسدات المتكررة تنتهي عندما يستعيد الإنسان مكانته كابن لله، بكامل وعيه. "من يغلب فسأجعله عموداً في هيكل إلهي ولا يعود يخرج إلى خارج". رؤيا ٣: ١٢

إن فهم قانون الكارما والقانون المنبثق منه "العودة إلى التجسّد" مذكور ضمنياً في عدة فقرات إنجيلية.

لقد سلّمت الكنيسة الإنجيلية الأولى بفكرة العودة إلى التجسّد التي شرحها العارفون والعديد من آباء الكنيسة بمن فيهم اللاهوتي الشهير كليمنص الإسكندري والقديس جيروم من القرن الخامس الميلادي. في بادئ الأمر اعتُبرت النظرية هرطقة سنة ٥٥٣ للميلاد في المجلس المسكوني الثاني. في ذلك الحين فكّر العديد من المسيحيين بأن عقيدة العودة إلى التجسد تعطي الإنسان حقبة فسيحة من الزمان والمكان لتشجيعه على الخلاص المباشر. يوجد اليوم العديد من المفكرين الغربيين ممن يقرّون بقانون الكارما والعودة إلى التجسّد كوسيلتين متممتين لنواميس العدل الإلهي التي تكمن خلف ما يبدو في الحياة عدم تكافؤ أو خللاً في الميزان الكوني.

الفيدات Vedas: الأسفار الأربعة الهندية: ريغ فيدا، ياجور فيدا، أتارفا فيدا وساما فيدا. في جوهرها هي أدب من الإنشاد

والتلاوة. ومن بين الأسفار الهندية الضخمة والغزيرة فإن الفيدات (من الكلمة السنسكريتية فيد: يَعلم) هي الوحيدة التي لا يُعزى لها مؤلف. الريغ فيدا تنسُب للترانيم أصلاً عُلوياً وتخبرنا بأنها هبطت وحياً من عصور سحيقة، مصاغة بلغة جديدة. وإذ ظهرت للحكماء ذوي الرؤى من عصرٍ لعصر، فإن الفيدات تمتلك (نيتياتثا) أي عصمة أبدية.

كالي Kali: إلهة الهندوس الميثولوجية، ممثلة بامرأة ذات أربع أيدٍ: الأولى ترمز لقوى الطبيعة الخلاّقة، والثانية تمثّل أعمال الحفظ الكونية، والثالثة ترمز لقوى الفناء المطهّرة، أما اليد الرابعة المنبسطة فهي علامة لمنح البركات والخلاص. فبهذه الوسائط تعيد الإلهة كالي، التي ترمز للأم الإلهية (ا.ن)، الخليقة إلى أصلها المقدس.

كارما Karma: إن قانون الكارما العادل المفسّر في النصوص الهندية هو ناموس فعل ورد فعل، سبب ونتيجة، زرع وحصاد. وفي مسار البِر الطبيعي يصبح كل إنسان سيد مصيره بواسطة أفكاره وأفعاله. فالطاقات التي أطلقها بنفسه، سواء عن حكمة أو جهل منه، ستعود إليه كنقطة الابتداء، تماماً كالدائرة التي تكمّل ذاتها حكماً وبدقة متناهية. يقول إمرسون في كتابه (التعويض Compensation) "إن العالم يشبه معادلة رياضية توازن ذاتها كيفما قلبتها. فكل سر يُذاع وكل جريمة يُعاقب عليها وكل فضيلة تُثاب وكل اعوجاج يُقوّم وكل خطأ يُعوّض عنه في السر والعلانية". إن فهم الكارما كناموس العدل الإلهي يحرر عقل الإنسان من السخط على الله والإنسان. أنظر "العودة إلى التجسّد".

كريشنا Krishna: تجسّد إلهي (أفاتار) عاش كملك في الهند في عصور ما قبل العصر المسيحي، والذي تحظى مشورته الإلهية في البهاغافاد غيتا (ا.ن) بالتبجيل من قبل عدد لا

يحصى من الباحثين عن الله. في بدايات حياته كان راعياً يطرب رفاقه بموسيقى الناي. من الناحية المجازية، يمثل السيد كريشنا الروح التي تعزف على ناي التأمل لتوجيه كل الأفكار الشاردة إلى بيت المعرفة الكلية.

كريا يوغا Kriya Yoga: علم يوغي عريق نشأ وازدهر في الهند لمساعدة الباحثين الجادّين في العثور على الله. وفنون الكريا أشار إليها وامتدحها السيد كريشنا في البهاغافاد-غيتا وامتدحها كذلك پاتنجالي في سترات اليوغا. هذا العلم الذي يمنح التحرر تقود ممارسته إلى بلوغ الوعي الكوني، ويتم تلقينه لطلاب SRF المنتسبين.

لاهيري مهاسيا Lahiri Mahasaya: (١٨٢٨-١٨٩٥) معلم سري يوكتسوار (ا.ن) وتلميذ باباجي (ا.ن). قام بإحياء علم اليوغا القديم الذي كاد أن يُفقد، وأطلق اسم "كريا يوغا" على الطرق العلمية من ذلك العلم. لقد كان لاهيري مهاسيا معلماً عظيماً ذا كرامات ويمتلك قوىً خارقة، وكان أيضاً رب أسرة ولديه التزامات عملية. ورسالته كانت تكمن في استنباط نوع من اليوغا يلائم الإنسان العصري، بحيث يكون التأمل موازياً للإنجاز الصحيح للواجبات الدنيوية. لقبه كان "يوغافاتار" أي: التجسّد الحيّ لليوغا.

مايا Maya: الخداع أو الوهم الكوني. معناه الحرفي القَيَّاس أي الذي يقيس measurer، وهو القوة السحرية في الخليقة التي بواسطتها تظهر الحدود والتقسيمات ظاهرة في الوحدة المطلقة عديمة التقسيم والتجزئة. وفي هذا الصدد ذكر برمهنسا يوغانندا في **مذكرات يوغي** Autobiography of a Yogi ما يلي:

"يجب أن لا يتبادر إلى الذهن أن حقيقة "مايا" عرفها الريشيون

Rishis (حكماء الهند) دون سواهم. لقد أطلق أنبياء العهد القديم على مايا اسم "إبليس" الذي يعني في العبرية "الضد". إبليس أو مايا هو الساحر الكوني الذي يُخلق الأشكال المضاعفة كي يخفي الحقيقة المجردة الواحدة. إن غرض إبليس الأوحد هو تحويل الإنسان من الروح إلى المادة. لقد وصف السيد المسيح [الوهم الكوني] "مايا" بأنه إبليس القتّال الكذّاب. "إبليس... الذي كَانَ قَتَّالًا لِلنَّاسِ مِنَ الْبَدْءِ، وَلَمْ يَثْبُتْ فِي الْحَقِّ لأَنَّهُ لَيْسَ فِيهِ حَقٌّ. مَتَى تَكَلَّمَ بِالْكَذِبِ فَإِنَّمَا يَتَكَلَّمُ مِمَّا لَهُ، لأَنَّهُ كَذَّابٌ وَأَبُو الْكَذَّابِ." يوحنا ٨: ٤٤

Self-Realization Fellowship : الجماعة التي أسسها برمهنسا يوغانندا في الولايات المتحدة عام ١٩٢٠ (مثلما أسس في الهند جماعة Yogoda Satsanga Society في عام ١٩١٧) لنشر المبادئ الروحية وطرق تأمل الكريا يوغا (ا.ن). المقر العالمي، أو المركز الأم، يقع في لوس أنجلوس، كاليفورنيا. وقد أوضح برمهنسا يوغانندا أن اسم الجماعة يعني: «صحبة الله عن طريق معرفة الذات، ومصادقة جميع النفوس الباحثة عن الحقيقة». انظر أيضاً «الأهداف والمثل العليا لـ Self-Realization Fellowship»، صفحة ١٢١.

مركز ماونت واشنطن Mount Washington Center: المقر الرئيسي العالمي لـ Self-Realization Fellowship (Yogoda Satsanga Society في الهند). أسس المركز برمهنسا يوغانندا في مدينة لوس أنجلوس بولاية كاليفورنيا سنة ١٩٢٥. يقع الموقع على قمة تلة ويطل على مدينة لوس أنجلوس وتبلغ مساحته ١٢ فداناً ونصف. المبنى الإداري (انظر الصورة على الصفحة ١٠٠)، يضم حجرات المعلم المحبوب برمهنسا يوغانندا التي تحوّلت إلى مزار. ومن هذا المركز يقوم الرهبان والراهبات بإرسال تعاليم برمهنساجي بصيغة مطبوعة إلى

الأعضاء، كما يتم أيضاً نشر كتاباته الأخرى وأحاديثه من خلال العديد من كتبه ومجلة Self-Realization.

المعلم الروحي Guru: المرشد الروحي الذي يعرّف المريد على الله. مصطلح المعلم الروحي "غورو" يختلف عن المعلم المدرسي أو «الأستاذ»، بحيث يمكن أن يكون للشخص عدة أساتذة، في حين يكون له معلم روحي "غورو" واحد فقط.

نيربيكالبا سمادهي Nirbikalpa Samadhi: أسمى درجة من درجات السمادهي أو الاتحاد الكلي بالله. الحالة الأولية (التي تتسم بالغيبوبة وكفّ الجسد كليّاً عن الحركة تدعى سابيكالبا سمادهي).

وعي المسيح Christ Consciousness: الشعور بالروح الكوني الحالّ في كل ذرة من ذرات الخليقة الاهتزازية.

الوعي الكوني Cosmic Consciousness: إدراك الروح الإلهي ما وراء الخلقية المحدودة.

الوهم أو الخداع Delusion: انظر مايا.

يوغا Yoga: معناها الحرفي "اتحاد" الإنسان مع خالقه عن طريق ممارسة أساليب علمية لمعرفة الذات. الطرق الرئيسية الثلاثة هي: جنانا يوغا (طريق الحكمة)، بهاكتي يوغا (طريق الإخلاص)، و راجا يوغا أو (اليوغا "الملكية" أو الطريق العلمي، والذي يشتمل على أساليب الكريا يوغا). إن أقدم نص عن العلم المقدس هو للحكيم باتانجالي Patanjali ويدعى سترات اليوغا *Yoga Sutras*. لا يُعرف تاريخ محدد لباتانجالي، مع أن بعض المؤرخين حددوه في القرن الثاني قبل الميلاد.

يوغانندا Yogananda: الاسم النسكي ليوغانندا مركّب من كلمتين: ويعني "الغبطة (أناندا) بواسطة الاتحاد المقدس (يوغا)".

يوغي Yogi: ممارس اليوغا. لا يحتاج لأن يتخلى رسمياً [عن العالم]. والاهتمام الأوحد لليوغي هو ممارسة أساليب علمية لمعرفة الله، على أساس يومي، وبأمانة وإخلاص.